GENIALE EXPERIMENTE IM GLAS

GENIALE EXPERIMENTE IM GLAS

40 schleimige, witzige und supercoole Experimente

JONATHAN ADOLPH

Die amerikanische Originalausgabe erschien erstmals 2018 bei
Storey Publishing LLC, 210 Mass MoCA Way, North Adams, MA 01247 in den
Vereinigten Staaten von Amerika unter dem Titel
„Mason jar science : 40 slimy, squishy, super-cool experiments".

www.topp-kreativ.de

Übersetzung: Sonja Heckmann
Überschriften-Illustrationen der deutschen Ausgabe: Josy Jones (S. 6, 7, 8, 9, 15, 19, 39, 54, 65, 70, 85, 91, 107, 119)
Produktmanagement: Lisa Schmidt
Lektorat: Mirjam Buchwald, Lisa Schmidt
Layout: Jessica Armstrong
Umschlaggestaltung: Jessica Armstrong und Konstanze Laue
Umschlagfotos: Carl Tremblay (Gläser, außer zweites Glas von links); Mars Vilaubi (zweites Glas von links); sdominick/iStockphoto.com (Junge hinten auf Umschlag)
Satz: Arnold & Domnick, Leipzig
Druck: Asia Pacific Offset

Veröffentlicht in Vereinbarung mit der Storey Publishing LLC, 210 MASS MoCA, North Adams, Massachusetts, 01247 USA.

1. Auflage 2019

ISBN: 978-3-7724-8430-8 Best.-Nr. 8430

Lies unbedingt alle Anweisungen genau durch, bevor du die Experimente beginnst, und befolge die Sicherheitshinweise bei der Durchführung. Benutze nur die aufgelisteten Zutaten für die besten und sichersten Ergebnisse. Für manche Projekte wird die Hilfe eines Erwachsenen benötigt.

Kreativ-Hotline
Hilfestellung zu allen Fragen, die Materialien und Bücher zu kreativen Hobbys betreffen:
Frau Erika Noll berät Sie. Rufen Sie an oder schreiben Sie eine E-Mail!

Telefon: 05052/911858*
E-Mail: mail@kreativ-service.info

*normale Telefongebühren

Für meinen Vater, Ron Adolph, ein Mann der Wissenschaft

DANKSAGUNG

Wissenschaftliche Erfolge sind meistens das Ergebnis von Teamwork und mit diesem Buch war es nicht anders. Mein Dank geht an die Menschen bei Storey, die all das möglich gemacht haben, allen voran Deanna Cook, Lisa Hiley und Jessica Armstrong. Ich danke dir, Tim, für dein aufmerksames Lesen und deine wissenschaftliche Erfahrung. Und zu guter Letzt, danke an Sarah, dass du akzeptierst, dass ich gerne die Fensterbänke in unserer Küche mit wurzelnden Süßkartoffeln, Avocado-Sprösslingen, tropfenden Stalagtiten, Eiern ohne Schale, gewichthebenden Bohnen und grashaarigen Männern fülle. Kein verrückter Wissenschaftler kommt ohne eine verständnisvolle Assistentin aus.

INHALT

DIE MAGIE DER CHEMIE

15

GEOWISSENSCHAFTEN für Erdlinge

Die Wurzel allen Spaßes

BOTANIK

ALLES LEBT!

BIOLOGIE

MASSE IN BEWEGUNG VERSTEHEN

PHYSIK

WAS IST SO TOLL AN WISSENSCHAFT?

Fragst du dich auch manchmal, wie Leute auf die wunderbaren Dinge gekommen sind, die unser Leben so interessant machen? Dinge wie Flugzeuge, Fernseher und Computer oder sogar Eiscreme? Denk mal drüber nach. Irgendjemand muss gemerkt haben, wenn man Milch mit Zucker verrührt und einfriert, es einen Nachtisch gibt der weder fest noch flüssig ist. Wie haben die das gemacht? War die Erfindung von Eiscreme einfach nur Glück?

Definitiv nicht.

Das war Wissenschaft.

Ganz genau, dieselbe Wissenschaft, die du auch in der Schule lernst.

Sie ist eine eigene Art des Denkens. Sie bietet ein ganzes System, mit dem wir uns die Welt erklären können und auf das wir Menschen uns seit tausenden von Jahren verlassen. Dazu gehört die sogenannte wissenschaftliche Methode (mehr dazu auf Seite 12), mit der wir herausfinden können, wie Dinge funktionieren, indem wir Experimente machen und die Ergebnisse betrachten.

Bevor es Wissenschaft gab, haben sich die Leute alle möglichen verrückten Erklärungen einfallen lassen, um komplizierte Fragen zu beantworten, zum Beispiel *Warum werden Menschen krank?*, *Warum geht die Sonne auf?* und sogar *Was können wir als Nachtisch essen?*

Mit Wissenschaft können wir uns Rätsel anschauen und dann unseren Verstand und Experimente dazu benutzen, um sie zu lösen. Und je mehr wir Menschen verstehen, umso mehr können wir erreichen. So hat die Wissenschaft uns zu ganz vielen großartigen Erfindungen und Entdeckungen geführt, angefangen beim ersten Rad bis hin zum neusten Smartphone.

Du musst kein Forscher, Professor oder Erfinder sein, um Spaß an Wissenschaft haben zu können. Du brauchst nur etwas Neugier, einen Plan wie du vorgehst und eine kleine Ausrüstung.

WARUM EINMACHGLÄSER?

In Filmen arbeiten Wissenschaftler immer in Laboren mit ganz viel Technik, gläsernen Messbechern, blubbernden Glaskolben und schicken Vitrinen, in denen Sammlungen aus Meteoriten und Dinosaurierskeletten ausgestellt werden.

In Wirklichkeit jedoch betreiben wir Wissenschaft am liebsten mit Gegenständen, die günstig und stabil sind und du vermutlich schon zu Hause hast, wie zum Beispiel Einmachgläser (englisch auch Mason Jars genannt). Sie sind dazu gemacht Lebensmitteln mit hoher Temperatur Stand zu halten und sie lange haltbar zu machen.

Einmachgläser gibt es in allen Größen und Formen. Für die meisten Experimente in diesem Buch brauchst du hauptsächlich Gläser mit einer Größe von 250 Millilitern, 500 Millilitern oder 1 Liter (mehr findest du in der Materialliste bei jedem Experiment). Vergleichen wir Einmachgläsern einmal mit echten wissenschaftlichen Ausrüstungsgegenständen.

Einmachglas gegen …

Messbecher. Dieses Gefäß hat einen Ausgießer und wird benutzt, um Flüssigkeiten zu erhitzen und zu vermischen. Einmachgläser sind zum Abfüllen von heißen Lebensmitteln gedacht und halten Hitze somit gut aus

Messzylinder. Mithilfe der Zahlen auf der Seite des Zylinders können Wissenschaftler Flüssigkeiten ganz genau abmessen. Auch auf vielen Einmachgläsern gibt es praktische Messlinien.

Kolben. Durch den schmalen Hals können Wissenschaftler Flüssigkeiten im Kolben umherschwenken und im Labor herumtragen, ohne zu verschütten. Auf Einmachgläser kann man Deckel schrauben.

Außer im Labor, kannst du die Einmachgläser auch für Experimente in der Biologie (untersuche lebendige Käfer!), Geowissenschaften (stell Tropfsteine her!) und Botanik (lass Pflanzen wachsen!) nutzen. Wir zeigen dir, wie du Einmachgläser in tolle wissenschaftliche Instrumente verwandeln kannst.

Los geht's!

Mit wissenschaftlichen METHODEN Rätsel lösen

Hast du auch schon einmal etwas Merkwürdiges oder Ungewöhnliches gesehen und dir gedacht „Was ist denn das?“? Wenn du ein neugieriger Mensch bist (und wir vermuten, dass das so ist), dann wirst du bestimmt mehr herausfinden wollen. Du könntest versuchen zu raten, oder dir eine Erklärung ausdenken, die sich gut anhört. Wissenschaftler haben aber einen besseren Weg gefunden, die Wahrheit aufzudecken, indem sie mit Experimenten Hinweise sammeln und daraus ihre Schlussfolgerungen ziehen. Das nennt man die wissenschaftliche Methode und so funktioniert sie …

Fang mit einer Frage an …

Wie merkwürdig! Warum das wohl so ist?

Du siehst etwas Komisches oder es passiert etwas, was du dir nicht erklären kannst. Oder du möchtest einfach nur herausfinden, warum etwas so ist, wie es ist. Du fängst an, dich zu fragen: Was passiert da?

Finde eine Erklärung

Jetzt wo du deine Experimente durchgeführt hast, kannst du versuchen, eine Erklärung für das zu finden, was du beobachtet hast. Mach dich dann dafür bereit, noch mehr nachzudenken. Denn mit jeder Erklärung entstehen auch neue Fragen. Die Arbeit der Wissenschaft ist nie zu Ende. Sie zwingt uns dazu, immer weiter Fragen zu stellen und weiter nach Beweisen für unsere Antworten zu suchen. Und so hilft sie uns dabei, immer mehr von der Welt zu entdecken.

Ich glaube, ich habe eine Idee ...

Du denkst weiter darüber nach. Vielleicht schlägst du etwas nach und weil du clever bist, fällt dir eine mögliche Erklärung ein. Wissenschaftler nennen das eine Hypothese. Und jetzt kommt der Teil, der Wissenschaft zu mehr macht, als die Vermutung von einer einzelnen Person.

Versuch, es zu beweisen

Du musst anhand eines Experimentes eindeutig beweisen, dass deine Überlegung richtig ist. So zeigen Wissenschaftler, dass sie ganz schön kreativ sein können (denk nur an Galileo, der verschiedene Kugeln vom schiefen Turm zu Pisa hat fallen lassen, um zu zeigen, dass Gegenstände immer gleich schnell fallen!).

Lerne von Erfolgen – und von Fehlschlägen

Was? Dein Experiment hat nicht so geklappt, wie du erwartet hast? Das ist toll! Denn auch wenn etwas fehlschlägt, bekommst du wichtige Informationen. Denk dir also weiter neue Experimente aus, mit denen du noch mehr herausfinden kannst.

Mach einen Realitätstest

Hat dein Experiment gezeigt, dass du Recht hattest? Damit du ganz sicher sein kannst, solltest du jemand anderen bitten, das Ergebnis zu reproduzieren, d. h., das Experiment mit den selben Ergebnissen zu wiederholen. Sind die Ergebnisse anders, als erwartet, dann überdenke noch einmal deine Herangehensweise und deine Hypothese. Hole die Meinung anderer ein, suche nach mehr Informationen und schau dir noch einmal ganz genau dein Experiment an. Auch Fehlschläge führen oft zu neuen Erkenntnissen.

DIE MAGIE DER CHEMIE

Aus was bestehen die Dinge auf der Erde und wie können wir daraus Neues herstellen? Chemie ist der Teil der Wissenschaft, mit dem wir genau das herausfinden können. Vermutlich seit der Entdeckung des Feuers (eine chemische Reaktion) fasziniert uns die Chemie. Sie hat uns zur Herstellung von Metallwerkzeugen und wichtigen Medikamenten verholfen. Durch sie können wir mehr Lebensmittel anbauen, immer schnellere Computer entwickeln und Menschen ins Weltall schicken.

Chemie ist aber auch etwas, das wir jeden Tag benutzen, zum Beispiel, wenn wir einen Smoothie mixen oder uns die Hände mit Seife waschen. Mit den Experimenten auf den nächsten Seiten kannst du diesen außergewöhnlichen Teil der Wissenschaft in Aktion erleben. Auf die Plätze, fertig, staunen.

LAVALAMPE 2.0

Faszination pur dank Bläschen und Klümpchen.

Wenn du deine Großeltern nach der Original-Lavalampe fragst, bekommen sie vielleicht einen verträumten Blick und denken an die 60er Jahre zurück. Wenn du sie aber wirklich beeindrucken willst, zeigst du ihnen diese einfache Version und erklärst was dahinter steckt. Alles geht auf ein wissenschaftliches Prinzip zurück, das auch beim Salatdressing in deinem Kühlschrank vorkommt: Öl und Wasser vermischen sich nicht.

MATERIAL

- 500 ml-Einmachglas (oder größer*) mit Deckel
- Wasser
- Lebensmittelfarbe
- Speiseöl
- Brausetabletten (zum Beispiel Alka-Seltzer)

**Mit einem größeren Glas ist das Ergebnis spektakulärer.*

SO GEHT'S

1. Füll ein Viertel des Glases mit Wasser. Vermisch etwa 10 Tropfen Lebensmittelfarbe damit.
2. Füg doppelt so viel Speiseöl hinzu, sodass das Glas dreiviertel voll ist.
3. Gib eine Brausetablette in das Glas und beobachte die Reaktion.

WISSENSCHAFT IM ECHTEN LEBEN

Wenn Öl ins Meer läuft, werden zur Reinigung schwimmende Barrieren benutzt, mit denen der Ölteppich eingefangen wird. Das funktioniert deshalb, weil das Öl auf der Wasseroberfläche schwimmt, genau wie bei dieser Lavalampe.

Was gibt es zu sehen?

Die Tablette sollte anfangen zu blubbern und Blasen aus farbigem Wasser dazu bringen, nach oben in das Öl aufzusteigen. Wenn das erste Blubbern langsam weniger wird, kannst du noch kleine zerbrochene Stückchen der Brausetabletten hinein geben.

Wenn du fertig bist, lass das Glas eine Weile ohne Deckel stehen, damit das entstandene Gas entweichen kann. Das Gas im Glas einzuschließen kann dazu führen, dass das Glas bricht! Zur Aufbewahrung kannst du den Deckel auf das Glas schrauben. Mit weiteren Brausetabletten kannst du die Lampe jederzeit wieder benutzen.

Was passiert da?

Bei der Original-Lavalampe wird Hitze dazu benutzt, Blasen aus Wachs nach oben steigen zu lassen. Hier benutzen wir die Kohlensäure, die die Brausetabletten beim Auflösen abgeben. Das Öl hat eine geringere Dichte als das gefärbte Wasser und schwimmt deshalb als Schicht oben (mehr Infos zu Dichte findest du auf Seite 11C). Die Wasserblasen werden von den aufsteigenden Kohlendioxid-Bläschen an die Oberfläche getragen.

SPRICH wie ein WISSENSCHAFTLER

Bei einem brauseartigen Stoff bilden sich Bläschen oder er schäumt, wenn Gas daraus entweicht. Das passiert bei Brausetabletten, und beispielsweise auch, wenn du Natron mit einer Säure wie Essig mischst. Tatsächlich enthalten die Tabletten Natron (Natriumhydrogenkarbonat, auch Soda genannt) und Zitronensäure. Wenn du die Tablette also in Wasser auflöst, kannst du folgendes beobachten: Es entstehen viele Bläschen, die aus dem Gas Kohlenstoffdioxid bestehen. (Siehe auch Seite 104.)

WASSER-FEUERWERK

Lass Farben explodieren.

Bei diesem Projekt kannst du kleine Farbexplosionen verursachen, ohne dir Sorgen zu machen, dass dabei dein Haus abbrennt. Für dieses Feuerwerk brauchst du kein Feuer, sondern nur Wasser mit Öl und Lebensmittelfarbe in deinen Lieblingsfarben.

MATERIAL

- 1 l-Einmachglas
- 250 ml-Einmachglas
- Wasser mit Zimmertemperatur
- 60 ml Speiseöl
- Lebensmittelfarbe
- Gabel

SO GEHT'S

1. Füll das 1 l-Glas mit Wasser, das Zimmertemperatur hat, und lass etwa 3 cm Platz bis zum oberen Rand.

2. Füll das Speiseöl in das 250 ml-Glas. Gib einige Tropfen Lebensmittelfarbe hinzu, wenn du magst verschiedene Farben.

3. Fahr mit der Gabel ein paar Mal vorsichtig durch das Öl, damit sich die Farbtropfen in kleinere Tröpfchen zerteilen. Aber nicht zu viel rühren! Manche Tropfen sollen groß und manche klein bleiben.

4. Gib die Ölmischung in das Glas mit dem Wasser, indem du es vorsichtig an der Innenseite des Glases entlang hinein schüttest. So erreichst du, dass das Öl mit den darin enthaltenen Farbtropfen auf der Oberfläche des Wassers schwimmt.

Was gibt es zu sehen?

Ungefähr 30 Sekunden nachdem du das Öl zum Wasser gegeben hast, werden die Farbtropfen aus dem Öl ins Wasser sinken und dabei Farbspuren im Wasser hinterlassen.

Was passiert da?

Lebensmittelfarbe löst sich in Öl nicht auf. Das Öl hält die Farbe über dem Wasser, bis diese langsam durch das Öl hindurchsinkt, dort auf das Wasser trifft und sich schlagartig darin auflöst. Sobald das passiert, löst sich die Farbe schnell auf und du kannst das farbenfrohe Ergebnis bewundern.

DIE WELT DES SCHLEIMS

EINE ANLEITUNG FÜR VERRÜCKTE SCHLEIM-MISCHUNGEN

Sind Schleim, Glibber und Knete nicht toll?! Nimm ein paar einfache Zutaten, vermisch sie miteinander (oder erwärme sie) und sie verwandeln sich direkt vor deinen Augen in glibberige Klumpen, ekligen Schleim oder formbare Knete. Sie sind nicht nur herrlich glibberig, sondern auch großartige Beispiele für die Wunder der Chemie. Jede Mischung fühlt sich anders an oder verhält sich auf eine besondere Weise, weil bestimmte chemische Zutaten das bewirken. Wenn du erst einmal weißt, wie die Chemie funktioniert, kannst du den Schleim deiner Träume zusammenmischen.

GLIBBER

Glibber ist eine glatte, gummiartige Masse, die man in die Länge ziehen und zusammen quetschen kann.

MATERIAL

500 ml-Einmachglas mit Deckel
110 g weißer Holzleim
1 Teelöffel Natron
Mischwerkzeug zum Umrühren
1 Esslöffel Kontaktlinsenflüssigkeit*
5 Tropfen Lebensmittelfarbe (oder mehr)

**Nimm eine Sorte, die Borsäure enthält.*

SO GEHT'S

1 Gib den Holzleim in das Einmachglas.

2 Füg das Natron hinzu und rühre um, bis alles vermischt ist. Gib die Lebensmittelfarbe dazu und misch alles gut. (Schau dir die verschiedenen Möglichkeiten auf Seite 22 an. Füg besondere Zutaten jetzt hinzu.)

3 Füg die Kontaktlinsenflüssigkeit hinzu und beginne zu mischen. Die Mischung wird sich langsam immer schwerer umrühren lassen und um dein Mischwerkzeug wird sich langsam ein Klumpen bilden. Jetzt reagieren die Zutaten miteinander und werden zu Glibber.

4 Rühr den Klumpen weiter oder knete ihn mit den Händen. Wenn er zu klebrig ist, kannst du ¼ Teelöffel Kontaktlinsenflüssigkeit hinzufügen. Bestimme selber die Konsistenz deines Glibbers. Je mehr Kontaktlinsenflüssigkeit, desto fester wird dein Glibber. Füg aber nicht zu viel hinzu, sonst wird er zu fest.

Mit verschlossenem Deckel hält der Glibber einge Monate.

Was passiert da?

Leim ist ein Polymer, das bedeutet, dass er aus langen Ketten aus Molekülen besteht. Du kannst dir die Ketten wie Spaghetti vorstellen, die alle in die gleiche Richtung zeigen und ganz leicht aneinander vorbei gleiten.

Wenn sich die Borsäure in der Kontaktlinsenflüssigkeit mit dem Natron (Natriumbikarbonat) vermischt, entsteht Borat. Das ist ein Stoff, der eine Reaktion namens „Vernetzung" auslöst. Wird ein Polymer vernetzt, dann verheddern sich all die Ketten zu einem Molekülklumpen, ein bisschen so, wie wenn du Spaghetti mit Käsesoße vermischst.

GLIBBER-VARIATIONEN!

Regenbogen-Glibber

Misch dir Glibber in verschiedenen Farben zusammen und verquirle sie, dann hast du den angesagtesten aller hausgemachten Mischungen hergestellt: Einhorn-Grütze!

Glitzer-Glibber

Du kannst auch Glitzer oder nachtleuchtende Farbe statt Lebensmittelfarbe benutzen (pass dabei aber auf, da Glibber auf einer Oberfläche aus Holz oder Stoff Flecken hinterlassen könnte!).

Fluffiger Glibber

Wenn du möchtest, dass dein Glibber etwas fluffiger wird, dann füge etwa 60 ml Rasierschaum (kein Gel) zu der Mischung aus Leim und Natron hinzu.

SCHLEIM

Diese Substanz wird auch **FLUBBER** genannt und ist ähnlich wie Glibber, aber dehnbarer, weniger fest und viel schleimiger! Halte ihn fern von allem, woran er kleben bleiben könnte, wie Teppiche, Pullover oder Haare.

MATERIAL

- 1 l-Einmachglas mit Deckel
- 110 g weißer Holzleim
- 120 ml Wasser
- 10 Tropfen Lebensmittelfarbe (oder mehr)
- 120 ml Flüssigstärke*
- Mischwerkzeug, z. B. ein Rührstab

**Nimm eine Sorte, die Natriumtetraborat enthält, weil das eine wichtige Zutat ist. Wenn du im Supermarkt nichts findest, kannst du etwas online bestellen. Auch viele Flüssigwaschmittel enthalten diesen Stoff und können auf die gleiche Weise verwendet werden.*

SO GEHT'S

1. Misch Leim, Wasser und Lebensmittelfarbe in deinem Glas mit dem Mischwerkzeug.
2. Rühr nun die Flüssigstärke langsam unter. Die flüssige Mischung wird schnell zu einem festeren Klumpen. Bei Bedarf kannst du ihn noch weiter kneten. Im verschlossenen Glas hält sich der Schleim einige Monate.

Was passiert da?

Flüssigstärke enthält Natriumtetraborat, das ist ein Stoff, der sich genauso verhält wie die Borsäure und das Natron beim Glibber. Dadurch vernetzen sich die Polymere im Leim und bewirken so, dass sich ein Schleim bildet. Die Inhaltsstoffe in der Stärke sorgen dafür, dass der Schleim schön dehnbar wird. Indem du weniger Wasser oder Flüssigstärke zum Leim hinzufügst bestimmst du die Konsistenz deines Schleims.

Glitzer-Schleim

Bring deinen Schleim zum Glitzern und füge noch ein paar Löffel Glitzer zu der Mischung in Schritt 1 hinzu.

Mikrowellen-KNETE

Diese weiche Knete lässt sich genauso gut formen wie die gekaufte Version. Wenn du sie an der Luft liegen lässt, wird sie irgendwann hart.

MATERIAL

1 l-Einmachglas mit Deckel

250 ml-Einmachglas

Mischwerkzeug, z.B. ein Rührstab

120 g Mehl

100 g Salz

1 Teelöffel Weinstein-Backpulver (das bekommst du im Supermarkt)

230 ml Wasser

10 bis 15 Tropfen Lebensmittelfarbe (oder mehr)

1 Teelöffel Speiseöl

SO GEHT'S

1. Gib das Mehl, Salz und Weinstein-Backpulver in dein großes Glas und vermisch sie gut miteinander.
2. Vermisch das Wasser und die Lebensmittelfarbe in deinem kleinen Glas und schütte die flüssige Mischung dann zu den trockenen Zutaten ins große Glas.
3. Füg das Öl hinzu und misch alles gründlich. Die Mischung sollte wie sehr dickflüssige Farbe aussehen.
4. Stell das Glas für 1 ½ Minuten in die Mikrowelle.
5. Nimm das heiße Glas mit Topflappen aus der Mikrowelle und rühr alles um. Die Knete sollte allmählich fest werden. Ist sie noch flüssig, dann zurück mit ihr für etwa 10 weitere Sekunden in der Mikrowelle.

6 Lass alles für etwa eine Minute abkühlen, bis du das Glas wieder gut anfassen kannst, und rühr dann weiter. Die Mischung sollte jetzt so zäh wie Schlamm sein.

7 Gib die Knete auf eine Oberfläche, auf die du vorher etwas Mehl gestreut hast. Knet sie so lange, bis sie schön glatt ist.

Lass die Knete gut abkühlen (sonst entsteht Kondenswasser), dann kannst du sie im kleinen geschlossenen Glas gut ein paar Monate aufheben.

SICHERHEIT GEHT VOR: Wenn die Knete aus der Mikrowelle kommt, ist sie sehr heiß. Warte bis sie ausreichend abgekühlt ist, bevor du zu kneten beginnst, damit du dir die Finger nicht verbrennst.

Was passiert da?

Diese Knete besteht genau wie Brotteig aus Mehl und Wasser. Die anderen Zutaten bewirken, dass sie nicht anfängt zu schimmeln und geben ihr eine elastische Konsistenz. Wenn die Mischung in der Mikrowelle (oder vorsichtig in einem Topf auf dem Herd) erhitzt wird, können sich die Zutaten gut miteinander vermischen.

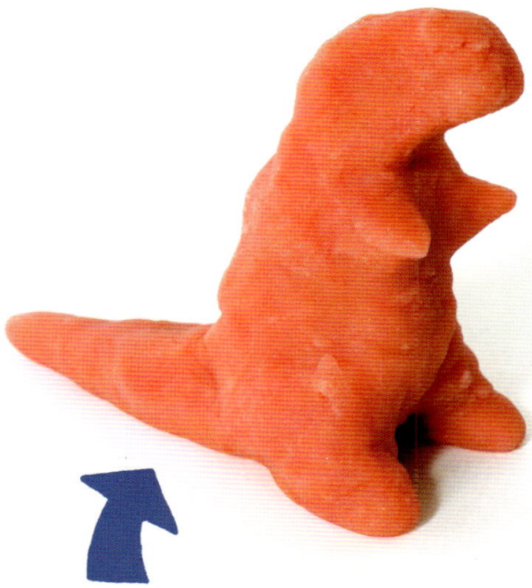

Knete kann geformt werden und diese Form auch behalten. Wenn du deine Skulpturen an der Luft trocknen lässt, kannst du sie später mit Acrylfarben bemalen (am besten verpasst du ihnen zuerst einen Anstrich mit weißer Farbe).

Rotkohl-
CHEMIEBAUKASTEN

Benutze einen natürlichen pH-Indikator, um Säuren zu testen.

Du hättest gerne einen kostenlosen Chemiebaukasten? Dann treib dich am besten in der Küche herum, wenn jemand das nächste Mal Rotkohl schnippelt. Mit den roten Blättern lässt sich nämlich noch mehr machen, als nur Krautsalat: Sie enthalten Farbpigmente, die bei Kontakt mit sauren Zutaten die Farbe ändern. Wenn du die Blätter klein schneidest und kochst, kannst du mit dem so entstandenen lila Saft testen, ob etwas eine Säure ist oder, das Gegenteil, eine Base.

MATERIAL

- 2 1 l-Einmachgläser (eins davon sollte Messlinien haben)
- mehrere 250 ml-Einmachgläser
- 100 g zerkleinerte Blätter Rotkohl
- Wasser
- Sieb
- Dinge zum Testen:
- Natron, Eiweiß, Zitronensaft, Essig, Spülmittel, Cola, Brausetabletten

SICHERHEIT GEHT VOR: Lass dir mit der Mikrowelle von einem Erwachsenen helfen und verwende für die heißen Gläser Topflappen.

SO GEHT'S

1 Füll eines der großen Gläser bis zur Hälfte mit den zerkleinerten Rotkohlblättern und bis zur 1-Liter-Markierung mit Wasser. Erwärme alles für etwa 5 Minuten auf höchster Stufe in der Mikrowelle. Stell das Glas danach mit Topflappen für 10 Minuten auf die Seite, damit die Kohlmischung ziehen und abkühlen kann.

2 Füll den Kohlsaft in das andere große Glas um und benutz dabei das Sieb, um den Kohl zurück zu halten. Der Saft sollte eine dunkellila Farbe haben.

ERZÄHL MIR MEHR DAZU

Bei einem der ältesten pH-Tests wird eine Farbe namens Lackmus verwendet, die aus Flechten gewonnen wird (das ist das grau-grüne Zeugs auf Bäumen und Steinen). Aus dem Lackmus wird in ein Papier hergestellt, das rot oder blau wird, wenn es mit Säuren oder Basen in Berührung kommt. Du kannst dein eigenes Lackmuspapier herstellen, indem du einen Kaffeefilter im Kohlsaft einweichst, ihn trocknen lässt und anschließend in Streifen schneidest, die du in Flüssigkeiten tauchen kannst.

3. Gieß etwa 60 ml Kohlsaft in jedes der 250 ml-Gläser. Das sind deine Testproben. Stell ein Glas auf die Seite, damit du später die Farben damit vergleichen kannst. So eine unveränderte Probe nennt man auch Kontrollprobe.
4. Füg vorsichtig in jedes der Gläser eine andere Testsubstanz hinzu, immer nur 1 Teelöffel voll auf einmal, und beobachte, ob sich etwas verändert.

Was gibt es zu sehen?

Je nach hinzugefügter Säure (z. B.Essig und Zitronensaft), färbt sich der Saft dunkelrot. Basen (z. B. Natron und Eiweiß) färben ihn von lila und dunkelblau bis gelb-grünlich (sehr basischer Stoff wie Ammoniak).

Was passiert da?

Der Rotkohlsaft ist ein pH-Indikator. Er bekommt seine Farbe von Pigmenten, die Anthocyane genannt werden.

Der pH-Wert (das steht für „Potentia Hydrogenii“, lateinisch: „Konzentration des Wasserstoffs“) gibt an, wie säurehaltig oder basisch ein Stoff ist. Die säurehaltigsten Stoffe haben einen pH-Wert von 0, während die basischsten Stoffe einen pH-Wert von 14 haben. Reines Wasser ist genau in der Mitte mit einem Wert von 7. Mit Hilfe des pH-Werts untersuchen Wissenschaftler wie sauer Erdboden oder Wasser ist.

MÜNZEN
erstrahlen in neuem Glanz

Münzen zum Glänzen bringen oder sie altern lassen.

Irgendwo in deinem Haus gibt es bestimmt ein Glas gefüllt mit altem, schmuddeligen Kleingeld. Bei diesem Experiment kannst du diese schmutzigen Kupfermünzen zum Glänzen bringen, sodass sie wie neu aussehen. Danach kannst du herausfinden, wie Kupfermünzen dieses alte Aussehen bekommen – und warum die Freiheitsstatue in New York grün ist – und du kannst die Münzen vor deinen Augen altern lassen.

MATERIAL

- 2 500 ml-Einmachgläser (oder kleinere), eins davon mit Deckel
- klarer Essig
- Salz
- mehrere stumpfe Kupfermünzen
- alte Zahnbürste
- Küchentücher

SO GEHT'S

Zum GLÄNZEN bringen

1. Vermisch in einem Glas 60 ml Essig mit 1 Teelöffel Salz und rühr so lange, bis sich das Salz aufgelöst hat. Füg drei bis vier Münzen hinzu und lass sie für ein paar Minuten einweichen. Hat sich etwas verändert?
2. Schrubb die Münzen mit der alten Zahnbürste und mit ein wenig von der Essig-Salz-Lösung ab. Spül sie dann mit frischem Wasser ab und trockne sie mit einem Küchentuch. Wie sehen sie jetzt aus?

Münzen ALTERN lassen

1 Leg ein gefaltetes Küchentuch auf den Boden eines Glases. Feuchte es mit etwas Essig-Salz-Lösung an. Tauch die Münzen in die Lösung und leg sie in das Glas auf das Tuch. Verschließ das Glas, damit das Tuch nicht austrocknet.

2 Schau was mit den Münzen über die nächsten Stunden und Tage passiert.

Was gibt es zu sehen?

Spätestens nach zwei Tagen sollten sich auf der Oberfläche der Münzen im Glas ein paar blau-grüne Flecken gebildet haben, das ist ein Stoff namens Malachit, auch Kupferspat genannt. Nach ein paar Tagen werden die Münzen wieder alt aussehen. Wie in Teil eins des Experimentes kannst du die Münzen natürlich auch wieder zum Glänzen bringen. Gut abtrocknen am Ende nicht vergessen!

Was passiert da?

Trifft Eisen (z. B. in Form eines Fahrrads) auf Feuchtigkeit, entsteht Eisenoxid, auch Rost genannt. Rost entsteht durch Oxidierung, das ist eine chemische Reaktion, die sich abspielt, wenn Eisen in Kontakt mit Sauerstoff und Feuchtigkeit kommt. Auch Münzen aus Kupfer oxidieren und das Ergebnis ist eine bräunliche Schicht aus Kupferoxid.

Im ersten Teil von diesem Experiment wird das Kupferoxid vom Essig und Salz aufgelöst und mit der Zahnbürste bringst du den Kupfer-Glanz zurück. Allerdings kannst du auch beobachten, dass Kupfer noch auf eine andere Weise oxidiert, nämlich wenn Salz ins Spiel kommt. Das liegt daran, dass Salz (= Natriumchlorid) Chlor enthält. Wenn Kupfer in Kontakt mit Chlor und Sauerstoff kommt, ergibt sich ein blau-grüner Stoff namens Kupferspat.

WISSENSCHAFT IM ECHTEN LEBEN

Das vermutlich berühmteste Beispiel für oxidiertes Kupfer ist die Freiheitsstatue in New York. Wenn du sie in ein Gefäß mit ganz viel Essig einlegen würdest, könntest du sie wieder so zum Glänzen bringen, wie eine neue Münze. Weil sie aber direkt am Meer, Salzwasser, Wind und Regen ausgesetzt ist, würde sie nicht lange glänzend bleiben. Bald hätte sie ihre vertraute grünlich-blaue Farbe zurück.

Spaß mit KRISTALLEN

Kristalle wachsen lassen mit einer gesättigten Lösung.

Was haben ein funkelnder Diamant, eine Schneeflocke und ein Körnchen Zucker gemeinsam? Alle drei sind tolle Beispiele für Kristalle, die wohl bezauberndste Schöpfung der Natur. Bei diesem Experiment lernst du mit Hilfe von Abkühlung und Verdunstung, einen Kristall aus einer gesättigten Lösung zu züchten.

MATERIAL*

- 500 ml-Einmachglas (oder 300 ml)
- 2 Holzspieße, bei denen du die Spitze abgebrochen hast
- Mittelgroßer Topf
- 230 ml Wasser
- 400 g Zucker
- Löffel oder anderes Mischwerkzeug
- Lebensmittelfarbe (wenn du magst)
- Wäscheklammern

**Mit diesen Angaben kannst du zwei Spieße machen. Wenn du mehr brauchst, nimm einfach eine größere Menge Wasser und Zucker.*

SICHERHEIT GEHT VOR: Lass dir von einem Erwachsenen helfen, da du auf einer heißen Herdplatte arbeiten musst.

ERZÄHL MIR MEHR DAZU

Kristallisierter Zucker, auch Kandiszucker genannt, wurde vermutlich vor mehr als tausend Jahren im Iran erfunden, wo die ersten Süßigkeitenmacher ihre Zuckerkristalle an Zweigen wachsen ließen und sie dann mit natürlichen Farben aus Pflanzen und Insekten gefärbt haben.

SO GEHT'S

1. Erhitz das Wasser im Topf, bis es anfängt zu kochen.
2. Füg den Zucker vorsichtig zum kochenden Wasser hinzu, immer nur ein paar Esslöffel auf einmal, und rühr gut um, damit sich der Zucker auflöst. Der Sirup wird anfangs eher trüb sein, koch und rühr ihn, bis er klar wird. Dann kannst du den Topf von der Herdplatte nehmen und den Sirup ca. 20 Minuten abkühlen lassen.
3. Weich die Spieße im heißen Sirup ein, bedeck sie mit trockenem Zucker und leg sie zum Trocknen auf die Seite. Wenn du Rohrzucker nimmst, bekommst du eventuell ein besseres Ergebnis, weil er grobkörniger ist als weißer Zucker.
4. Füll das Glas mindestens bis zur Hälfte mit dem abgekühlten Sirup (mind. 3 cm Platz bis zum oberen Rand). Wenn du magst, misch einige Tropfen Lebensmittelfarbe unter.

5 Platzier die Spieße im Glas und sorg dafür, dass sie sicher festgemacht sind, indem du sie mit einer Klammer über dem Glas festhältst. Die Spieße sollten ungefähr 3 Zentimeter oberhalb vom Boden des Glases enden und die Seiten des Glases nicht berühren.

6 Stell die Gläser an eine Stelle, wo sie mindestens eine Woche lang ungestört stehen können.

Was gibt es zu sehen?

An den Spießen sollten sich über Nacht Kristalle bilden, es kann aber auch etwas länger dauern. In den nächsten Tage verdunstet das Wasser aus der Lösung und die Kristalle wachsen weiter und werden härter. Falls sich auf der Oberfläche des Sirups eine Kruste bildet, kannst du sie zerbrechen und die Bruchstücke entfernen. Nach etwa einer Woche (oder etwas länger) sind die Kristalle groß genug und du kannst sie zum Trocknen auf einen Teller legen.

Was passiert da?

Saccharose, auch Haushaltszucker genannt, ist ein Kristall. Auch Salz und Diamanten sind Kristalle (mehr dazu findest du auf Seite 46).

Wenn du Zucker mit Wasser vermischst, lösen sich die Kristalle auf und werden zu einer Lösung. Durch Erhitzen der Lösung kannst du noch mehr Zucker auflösen, weil heißes Wasser mehr Zucker in sich aufnehmen kann als kaltes. An einem bestimmten Punkt ist die Lösung dann gesättigt, das heißt, dass sich keine weiteren Kristalle mehr darin auflösen lassen.

Während die gesättigte Lösung abkühlt und das Wasser mit der Zeit anfängt zu verdunsten, fangen die Kristalle an, sich abzusetzen oder sich aus der Lösung herauszubilden. Sie suchen dabei nach etwas, woran sie sich bilden können (das nennt sich Kristallisationskeim), hier zum Beispiel die zuckerbedeckten Spieße, und nehmen dann wieder ihre ursprüngliche kristallene Form an.

LASS ALAUN-EIS ENTSTEHEN

Du willst einen genauen Blick auf einen anderen Kristall in Aktion werfen? Dann verpass ein paar Steinen eine Schicht aus Alaun-„Eis".
Alaun (Aluminiumkaliumsulfat) ist ein Mineral, das früher zum Pökeln verwendet wurde und das du im Supermarkt in der Gewürzabteilung finden solltest.

Platzier einige saubere Steine am Boden eines 500 ml Glases. Bring etwa 120 ml Wasser in einem zweiten 500 ml Glas in der Mikrowelle zum Kochen (dauert etwa 2 Minuten). Gib vorsichtig 60 g Alaun dazu und rühr dabei um, bis sich alles aufgelöst hat. Gieß die Mischung über die Steine im anderen Glas und lass es anschließend eine Weile offen und unberührt stehen.

Über die nächsten Stunden hinweg kannst du beobachten, wie sich auf den Steinen im Glas eine Eis-artige Schicht aus Kristallen bildet.

SICHERHEIT GEHT VOR: Lass dir mit der Mikrowelle von einem Erwachsenen helfen und verwende für die heißen Gläser Topflappen.

WISSENSCHAFT IM ECHTEN LEBEN

Geoden, das sind mit Kristallen gefüllte Steine. Sie entstehen durch einen ganz ähnlichen Vorgang. Über viele tausend Jahre hinweg sickert mineralienhaltiges Wasser in Gesteinslöcher oder erstarrte Lava. Zurück bleiben Schichten aus Kristallen in verschiedenen Farben.

SUPER-SEIFENBLASEN

Kreiere mit folgendem Experiment deinen eigenen Seifenblasenmix.

Früher haben Kinder Seifenblasen einfach zum Spaß gemacht und niemand hat sich groß den Kopf darüber zerbrochen. Das war damals. Heute benutzen erwachsene „Seifenblasen-Meister" geheime Seifen-Mischungen und selbstgebaute Stäbe, um riesige Blasen zu machen, die so groß sind wie ein Bus. Die „Seifenblasen-Profis" machen Blasen innerhalb von Blasen, formen aus ihnen Raupen oder erschaffen Riesenblasen um sich selbst herum.

Dadurch, dass sie die Gesetze von Chemie und Physik verstehen, können Seifenblasen-Meister ihre Kunst immer spektakulärer gestalten. Kreier deine eigenen Seifenblasen-Mischungen und teste anschließend mit welcher davon sich die größten, haltbarsten und buntesten Blasen machen lassen.

MATERIAL

3 1 l-Einmachgläser

Spülmittel

Glyzerin*

Guarkernmehl**

**Glyzerin kostet etwa 10 € für 1 Liter, weshalb manche lieber Maissirup nehmen.*

***Dieses Verdickungsmittel für Lebensmittel wird oft in Supermärkten verkauft. Du brauchst aber nur eine kleine Menge, also schau nach kleinen Päckchen.*

SO GEHT'S

Die Grundmischung

690 ml Wasser

2 Esslöffel Spülmittel

Du kannst Seifenblasen auch nur mit einer Mischung aus Spülmittel und Wasser machen, sie werden dann aber nicht sehr groß und platzen ziemlich schnell. Deshalb benutzen echte Seifenblasenprofis noch andere Zutaten, damit ihre Blasen dehnbarer werden und länger halten. Probier es selbst aus und teste die verschiedenen Mischungen. Beschrifte jede Mischung, damit du ihre Stärken und Schwächen festhalten kannst.

GLYZERIN für mehr Haltbarkeit

690 ml Wasser
2 Esslöffel Spülmittel
Glyzerin

Glyzerin, manchmal auch Glyzerol genannt, ist ein Feuchthaltemittel, also ein Stoff, der dafür sorgt, dass Dinge feucht bleiben. Seifenblasen platzen, wenn sie zu trocken werden, deshalb können sie länger halten, wenn du Glyzerin hinzufügst. Für die meisten Mischungen werden ungefähr 2 Teelöffel pro Mischung empfohlen. Wenn du besonders haltbare Blasen erzeugen willst, kannst du aber auch mit bis zu 4 Esslöffeln (das sind etwa 56 Gramm) pro Mischung experimentieren. Der Nachteil ist, dass deine Blasen damit schwerer und nicht größer werden.

GUARKERNMEHL für mehr Größe

690 ml Wasser
2 Esslöffel Spülmittel
Glyzerin
Guarkernmehl

Damit du fantastische Riesenblasen hinbekommst, musst du eine kleine Menge von einem Polymer hinzufügen, z. B. Guarkernmehl, das ist ein Verdickungsmittel für Lebensmittel (mehr auf Seite 21).

Vermisch ¼ Teelöffel vom Guarkernmehl mit genug Glyzerin, bis sich ein Brei bildet. Misch diesen mit dem Wasser, füg dann das Spülmittel hinzu und rühr alles gut um.

Noch mehr Spezial-Mischungen

Für eine weitere Mischung kannst du Natron verwenden, wodurch große Blasen haltbarer und stabiler werden. Mit diesem säurehaltigen Pulver veränderst du den pH-Wert der Mischung und machst sie neutraler. Gib ungefähr ½ Teelöffel Natron pro Liter hinzu und vermisch es zuerst mit etwas Glyzerin zu einem Brei, genau wie beim Guarkernmehl. Füg diesen dem Brei mit Guarkenmehl, Wasser und Spülmittel hinzu. Schließ das Glas und dreh es um. Beobachte die verschiedenen Blasen. Kannst du einen Unterschied feststellen?

HIER GEHT'S WEITER →

Was gibt es zu sehen?

Beobachte, wie lang die Blasen halten, wie stabil sie sind, wie hoch sie fliegen und auch wie bunt sie sind. Probier sie drinnen und draußen aus, an einem ruhigen und an einem windigen Tag. Schau dir an, wie die verschiedenen Mischungen funktionieren, wenn du einen großen oder einen kleinen Seifenblasenstab benutzt (mehr zu selbstgemachten Seifenblasenstäben findest du auf der gegenüberliegenden Seite).

Mehr Tipps und Ratschläge von Seifenblasen-Experten findest du online, wo du Bewertungen für Mischungen lesen, dir tolle Fotos anschauen und mehr über die verschiedenen Zutaten lernen kannst.

Was passiert da?

Eine Seifenblase ist eine Kugel aus Luft, die von einer dünnen Schicht aus Flüssigkeit umschlossen ist. Wasser allein ist nicht dehnbar genug, um die Luft gefangen zu halten, aber gemischt mit Spülmittel wird es elastisch genug, wie ein Luftballon. Die Blasen platzen, sobald das Wasser aus der äußersten Schicht verdunstet oder etwas Trockenes sie berührt. Mit einem Feuchthaltemittel wie Glyzerin in deiner Mischung verlangsamst du das Verdunsten und die Blasen halten länger. Wenn du noch ein Polymer wie Guarkernmehl hinzufügst, werden die Blasen viel elastischer und werden größer.

ERZÄHL MIR MEHR DAZU

Seifenblasen platzen wegen der Verdunstung, deshalb ist die beste Zeit zum draußen Blasen machen dann, wenn die Luft ruhig und etwas schwül ist, zum Beispiel nach einem Regenschauer. An kälteren Tagen fliegen deine Blasen höher, weil deine warme Atemluft leichter als die kalte Luft draußen ist. Bei sehr kaltem Wetter gefrieren deine Blasen zu kleinen Eiskugeln. Und wenn deine Seifenblasen wirklich lange halten sollen, kannst du sie in einem geschlossenen Glas zusammen mit etwas Seifenblasenmischung am Boden des Glases aufbewahren. Der berühmte Seifenblasen-Künstler Eiffel Plasterer (such bei Google nach ihm!) hat so angeblich eine Seifenblase für fast ein Jahr aufbewahrt!

SEIFENBLASENSTÄBE

Natürlich könntest du die Plastikringe benutzen, die du mit gekaufter Seifenblasenmischung bekommst. Überall um dich herum gibt es aber noch viele weitere Möglichkeiten. Probiere eine von diesen hier aus.

Ein Schnur-Stab. Um riesige Seifenblasen zu formen, fädelst du eine Schnur oder einen Faden (ca. 90cm lang) durch zwei Strohhalme und verknotest die Enden miteinander. Um Blasen zu machen, hältst du in jeder Hand einen der Strohhalme und tauchst den Ring in einen großen, flachen Behälter voller Seifenblasen-Mix (siehe Seite 35). Noch mehr Anleitungen für andere Seifenblasenstäbe findest du online.

Der Metallring eines zweiteiligen Einmachglas-Deckels. Befestige eine Klammer als Griff am Deckel und fülle deinen Seifenblasen-Mix in einen tiefen Teller.

Ein Pfeifenputzer. Bieg ihn zurecht, sodass er eine Form wie ein Lolli hat.

Ein Kleiderbügel aus Draht. Bieg ihn in Form eines Lollis und benutz einen Teller, eine Frisbee oder ein anderes großes, flaches Gefäß, für den Seifenblasen-Mix. Wenn du riesengroße Blasen machen willst, dann wickle einen Schnürsenkel um den Drahtring, damit noch mehr Flüssigkeit festgehalten werden kann. Verstärke den Griff mit Klebeband.

GEOWISSENSCHAFTEN für Erdlinge

Es ist noch gar nicht so lange her, da haben sich die Menschen noch umgeschaut und gedacht, dass die Erde ganz sicher flach sein muss. Heutzutage wissen wir viel mehr, aber wir haben trotzdem noch jede Menge Fragen über die Welt, in der wir leben. Die Geowissenschaft versucht, diese Fragen zu beantworten. Wie ist unser Planet entstanden? Woraus besteht er? Wie verändern die Menschen ihn?

Geowissenschaftler helfen uns dabei, mit Gefahren wie dem Klimawandel, Erdbeben, Bodenerosion und Wasserverschmutzung umzugehen. Hast du Lust, die Geheimnisse unseres wunderbaren Planeten zu erforschen? Du kannst direkt damit anfangen, indem du darüber nachdenkst, welche faszinierenden Spuren es auf unserem Planet in Form von Bergen, Schluchten und Strände für uns zu entdecken gibt.

TERRARIUM IM GLAS

Erschaff dir eine lebende Mini-Landschaft.

Dieses Terrarium im Glas ist eine eigene kleine Welt aus Pflanzen und Erde, die in ein Glas eingeschlossen ist. Besonders wichtig für diese kleine Welt und auch unsere: Licht! Ohne, würde es kein Leben geben. Die Pflanzen können daraus Nahrung herstellen, die sie zum Überleben brauchen. Bewahre dein Terrarium im Glas in der Nähe eines Fensters auf, wo es genug Licht abbekommt (aber nicht zu viel). So kann es sogar Jahre lang halten.

MATERIAL

- 1 l-Einmachglas (oder größer) mit einer großen Öffnung und einem Deckel
- Kieselsteine
- großer Löffel
- Aktivkohle (du kannst sie z. B. in Tiergeschäften kaufen, mehr dazu bei „Erzähl mir mehr dazu“ auf der Seite gegenüber)
- Kaffeefilter
- Schere
- Blumenerde
- Sprühflasche gefüllt mit Wasser
- Küchentücher
- Moos und andere nicht zu große Waldpflanzen, die in das Glas passen
- Steine und andere Dekoration
- Gabel oder anderes Werkzeug mit langem Stiel

SO GEHT'S

1. Bevor du nach draußen gehst, um Pflanzen zu sammeln, solltest du alle anderen Materialien besorgen und an deinem Arbeitsplatz zusammentragen.
2. Sammle Pflanzen. Such nach Moos und anderen kleinen Pflanzen, die in das Glas passen. Wenn du lieber Pflanzen kaufst, kannst du bei einem Baumarkt oder einer Gärtnerei in deiner Nähe nach Pflanzen fragen, die nicht zu groß für dein Terrarium werden.
3. Bedeck den Boden des Glases mit 2–3 Zentimetern Kies. So entsteht eine Schicht, in der überschüssiges Wasser versickern kann.
4. Schaufle mit dem Löffel eine etwas mehr als 1 Zentimeter dicke Schicht Aktivkohle auf den Kies.
5. Schneid aus einem Kaffeefilter einen Kreis in Größe des Glasdeckels zurecht und leg ihn auf die Aktivkohle. Er verhindert, dass sich die Blumenerde mit dem Kies und der Aktivkohle vermischt und sorgt so dafür, dass die Entwässerung sauber bleibt.
6. Füll das Glas bis zu einem Drittel mit Blumenerde und befeuchte sie mit der Sprühflasche bis sie feucht aber nicht durchgeweicht ist.

HIER GEHT'S WEITER →

SAMMLERNOTIZEN

Wilde Pflanzen, die in einem Terrarium gut wachsen, finden sich meistens an schattigen, bewaldeten Orten mit feuchtem Boden. Such nach Moosen, kleinen Farnen und niedrigwüchsigen Bodendeckern wie Veilchen (aber nimm dich in Acht vor giftigem Efeu!). Grab nur da etwas aus, wo du das auch darfst.

Grab die Pflanze mit den Wurzeln aus und versuch, so viel Erde wie möglich daran zu lassen. Verstau die Pflanzen in einer kleinen Plastiktüte oder einer Dose und halte die Wurzeln feucht und geschützt vor Sonnenlicht, bis du nach Hause kommst.

ERZÄHL MIR MEHR DAZU

Aktivkohle ist einer der ältesten Stoffe zum Reinigen von Wasser. Sie funktioniert wie ein Schwamm und sammelt Verunreinigungen und andere Abfallstoffe in ihren vielen winzigen Löchern. Falls du ein Aquarium besitzt, dann hast du diesen Stoff vielleicht schon einmal im Filter benutzt. Du musst sie für dein Terrarium im Glas nicht unbedingt verwenden, aber ohne sie fängt es nach einer Weile eventuell an, darin ein wenig sumpfig zu riechen.

7 Wenn nötig kannst du die Wurzeln und Ästchen mit einer Schere kürzen, damit sie ins Glas passen. Benutz eine Gabel oder ein anderes Werkzeug, um vorsichtig in der Erde im Glas zu graben und das Moos und die Pflanzen fest zu drücken. Danach kannst du andere Dekorationen hinzufügen.

8 Besprüh die Pflanzen leicht und achte darauf, dass du die Erde um die Wurzeln herum feucht machst (ohne sie zu überfluten!). Wisch die Innenseite des Glases vorsichtig mit einem Küchentuch trocken. Schraub den Deckel auf das Glas und stell es an einen hellen Ort, aber nicht direkt in die Sonne.

Was gibt es zu sehen?

Beobachte das Terrarium im Glas in den nächsten Tagen aufmerksam. Beschlägt die Innenseite, dann nimm den Deckel für etwa eine Stunde ab, damit das Wasser verdunsten kann (ein bisschen Wasser an der Innenseite ist aber normal). Wenn die Erde anfängt, zu trocken auszusehen, besprüh sie ein wenig mit Wasser. Wenn Pflanzen anfangen, gelb zu werden oder nicht gesund aussehen, kannst du sie herausschneiden und ggf. ersetzten.

Was passiert da?

Ein Terrarium im Glas ist das, was Wissenschaftler Ökosystem nennen. Genau wie auf unserem Planeten Erde arbeiten die Pflanzen, die Erde und das Wasser alle harmonisch zusammen, wodurch das System aufblühen kann. Die Pflanzen ziehen das Wasser durch ihre Wurzeln nach oben und geben es durch die Poren (das sind winzige Löcher) in ihre Blätter wieder ab. Dieser Vorgang nennt sich Transpiration oder auch Ausdünstung (mehr auf Seite 67). Das Wasser sammelt sich dann auf der Innenseite des Glases und fällt wieder zurück auf die Erde, wo die Pflanzen es mit ihren Wurzeln wieder aufsaugen können.

Pflanzen besorgen sich ihre Nahrung auch über einen Prozess namens Photosynthese und geben dabei Sauerstoff ab. Der Sauerstoff wird von Bakterien in der Erde benutzt, die alte Pflanzenreste wie Blätter zersetzen und dabei Kohlendioxid ausstoßen. Die Pflanzen benutzen dann dieses Kohlendioxid wieder und so wiederholt sich der Kreislauf.

WISSENSCHAFT IM ECHTEN LEBEN

Stell dir ein Terrarium im Glas vor, das so groß ist, dass Menschen darin leben können! So einen Ort gibt es wirklich und du kannst ihn in der Nähe von Oracle im Bundesstaat Arizona in den USA finden. Dieser Gewächshaus-Komplex wird Biosphäre 2 genannt und ist ungefähr so groß wie ein halbes Fußballfeld. Drinnen gibt es einen kompletten Regenwald, eine Wüste, Farmen und ein kleines Meer mit einem Korallenriff. Verschiedene Menschen haben schon über mehrere Jahre dort gelebt.

MUSEUM ZU HAUSE

Zeig die Wunder der Natur in einer Ausstellung bei dir zu Hause.

Neugierige Wissenschaftler sammeln ständig interessante Dinge: Ungewöhnliche Steine, tote Käfer oder sogar die geisterhafte Haut einer Schlange. Wer könnte zu diesen Geschenken der Natur schon nein sagen? (Wir definitiv nicht). Solche Schätze verdienen es, schön geordnet und ausgestellt zu werden.

MATERIAL

Verschiedene Einmachgläser in unterschiedlichen Größen, am besten mit glatten Wänden und mit Deckeln

Karteikarten oder Sticker zum Beschriften

verschiedene Sammlerstücke (das hier sind nur ein paar Vorschläge):
- **Steine**
- **Sand vom Strand**
- **Muscheln**
- **Vom Meer glatt poliertes Glas**
- **Samenhülsen**
- **Tannenzapfen**
- **Eicheln**
- **Baumrinde**
- **Tote Insekten**
- **Federn**
- **Knochen**

Lupe

SO GEHT'S

1. Platzier jedes Sammlerstück in einem passenden Glas. Winzige Steinchen solltest du zum Beispiel in ein kleines Glas legen, große Muscheln in ein größeres Glas.

2. Beschrifte jedes Sammlerstück mit seinem Namen, wo du es gefunden hast und wann das war. Wenn du willst, dass deine Schilder etwas „offizieller" aussehen, kannst du sie am Computer gestalten.

3. Ordne deine Sammlung wie ein Wissenschaftler in sinnvolle Kategorien (z.B. Tiere, Pflanzen, Mineralien), oder so, dass sie eine Geschichte erzählen (nach Datum).

HIER GEHT'S WEITER →

4 Wähl einen Platz für deine Sammlung, wo man sie gut sehen und betrachten kann, zum Beispiel auf einem eigenen Regalbrett. Halte eine Lupe bereit, sodass Besucher deine Sammlerstücke ganz genau untersuchen können. Außerdem kannst du Nachschlagebücher zur Verfügung stellen, mit denen man die Naturobjekte identifizieren kann.

5 Denk dir ein Quiz für die Besucher deines Museums aus. Leg ein ungewöhnliches Sammlerstück in ein Rätsel-Glas und stell auf dem Beschriftungsetikett eine Frage dazu. Kannst du das hier identifizieren? Wo ist es hergekommen?

Geh einen Schritt weiter

Um noch viele weitere unterschiedliche Dinge in deine Sammlung aufzunehmen, kannst du Freunde und Verwandte in weit entfernten Städten oder in anderen Ländern bitten, dir etwas für dein Museum zu schicken.

ERZÄHL MIR MEHR DAZU

Wissenschaftler sind nicht dafür bekannt, viele Witze zu machen. Bei der Benennung von neuen Pflanzen und Tieren könnte man es aber manchmal denken:

Gelae Baen

Ein Käfer, der aussieht wie eine Geleebohne. Seine Verwandten heißen Gelae Rol, Gelae Fish, Gelae Belae und Gelae Donut.

Spongiforma Squarepantsii

Eine Pilzart, die 2010 in Malaysia entdeckt wurde und deren schwammartiges Aussehen die Wissenschaftler dazu inspiriert hat, sie nach einer bekannten Zeichentrickfigur zu benennen.

Agra Cadabra

Ein Mitglied einer wortspielerisch benannten Familie von Käfern im Amazonasgebiet, zu der auch die Käfer Agra Vation und Agra Phobia gehören.

Scaptia Beyonceae

Eine seltene Bremse mit einem kurvigen Bauch und goldenen Haaren, die 2011 nach Beyoncé benannt wurde.

SPRICH wie ein WISSENSCHAFTLER

Dir ist vielleicht schon einmal aufgefallen, dass im Museum neben ausgestellten Pflanzen und Tieren oft ein Schildchen angebracht ist, auf denen ein langer Name in einer anderen Sprache steht. Das ist der wissenschaftliche oder lateinische Name, an dem Wissenschaftler erkennen können, zu welcher Familie eine Pflanze oder ein Tier gehört und was eine besondere Eigenschaft von ihnen ist. Der Name für Menschen lautet zum Beispiel *Homo Sapiens*, das bedeutet „weiser Mensch". Der schwedische Botaniker, Zoologe und Mediziner Carl Linnaeus hat dieses zweiteilige System zum Benennen von Dingen im 18. Jahrhundert entwickelt und es binäre Nomenklatur genannt.

EINE GRILLE KATEGORISIEREN

Wissenschaftler klassifizieren Tiere und Pflanzen, indem sie analysieren, welche Gemeinsamkeiten sie haben und ordnen sie dann in Kategorien mit Lebewesen mit ähnlichen Eigenschaften ein. Dieses Forschungsfeld nennt sich Taxonomie oder Klassifizierungslehre. Die Steppengrille (Gryllus Assimilis) gehört zum Beispiel zur Familie der Echten Grillen (Gryllidae). Diese Familie gehört wiederum zur Ordnung der Heuschrecken (Orthoptera, zu der auch Grashüpfer gehören), und diese Ordnung ist ein Teil der Klasse der Insekten.

Reich Tiere	
Stamm Gliederfüßler	
Klasse Insekten	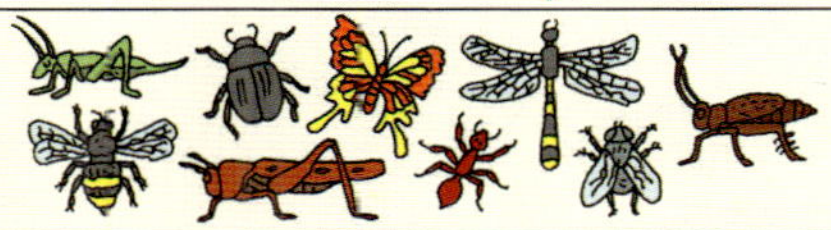
Ordnung Heuschrecken	
Familie Echte Grillen	
Gattung/Art Steppengrille	

Tropfstein-KETTE

Lass unterirdische Deko für deine Höhle wachsen.

Du findest, dass größer werden lange dauert? Dann versuch mal ein Tropfstein zu sein. Diese tropfenden Säulen, die du in Höhlen finden kannst, wachsen nur ein paar Zentimeter in tausend Jahren! Du kannst beobachten, wie das funktioniert, indem du deine eigene Kette aus Tropfsteinkristallen wachsen lässt. Das Beste daran ist, dass es keine tausend Jahre dauern wird, sondern eher eine Woche!

MATERIAL

2 500 ml-Einmachgläser
Stück Schnur, etwa 120 cm lang
Schere
2 Strohhalme zum Knicken
Holzspieß oder Pfeifenputzer
heißes Leitungswasser
Natron, ungefähr 90 g
Löffel oder anderes Rührwerkzeug
Lebensmittelfarbe (wenn du magst)
Schale zum Abtropfen

SPRICH wie ein WISSENSCHAFTLER

Hier ist ein Merkspruch, mit dem du die Tropfsteinarten unterscheiden kannst: Stalak**T**iten hängen von der „**T**"-ecke und Stalag**M**iten stehen auf der **M**atte.

SO GEHT'S

1. Falt die Schnur zur Hälfte und verdreh die beiden Teile miteinander, sodass eine dicke Kordel entsteht. Schneid die knickbaren „Ellenbogen" der Strohhalme zurecht und lass dabei auf jeder Seite ungefähr 3 Zentimeter des geraden Stücks stehen. Fädle die Kordel durch die Strohhalme und nimm dabei einen Holzspieß zur Hilfe, um die Schnur hindurch zu bekommen.

2. Füll die Gläser zu ⅔ mit heißem Leitungswasser. Füg das Natron löffelweise, abwechselnd in die Gläser und rühr gut um, damit sich alles auflöst. Nach etwa 3 bis 5 Esslöffel pro Glas sollte sich das Natron nicht mehr auflösen und am Boden sammeln. Jetzt hast du eine gesättigte Lösung hergestellt (mehr dazu auf Seite 30). Wenn du möchtest, kannst du ein paar Tropfen Lebensmittelfarbe hinzufügen.

3. Platzier die Gläser und die Schale wie auf dem Bild. Denk daran: Kristalle sind sehr zerbrechlich. Deshalb solltest du dein Experiment an einem Ort aufbauen, wo du es einige Tage lang ungestört stehen lassen kannst.

4 Weich die Schnur in der Lösung ein und stell sicher, dass sie auch komplett durch die Strohhalme hindurch nass ist. Häng sie zwischen die Gläser und benutz die Ellenbogen der Strohhalme, um sie wie auf dem Bild festzumachen. Die Enden der Schnur müssen in die Lösung hängen und die Mitte der Schnur muss tiefer hängen als die Oberfläche der Lösung in den Gläsern, sodass ein Abtropfpunkt entsteht.

Was gibt es zu sehen?

Die Lösung sollte sofort anfangen, in die Abtropfschale zu tropfen. Nach etwa einem Tag bilden sich langsam Kristalle, die jeden Tag größer werden. Wenn die Abtropfschale zu voll wird, füllst du die Lösung darin einfach vorsichtig zurück in die Gläser.

Was passiert da?

Die Lösung mit aufgelöstem Natron (Natriumbikarbonat), ein Kristall, bewegt sich durch die Schnur und dank dem sogenannten Kapillareffekt (mehr auf Seite 108) verdunstet das Wasser und das Natron fängt an, seine feste Form wieder anzunehmen. Dieser Vorgang nennt sich Kristallisation.

WISSENSCHAFT IM ECHTEN LEBEN

So entsteht ein Tropfstein: Im manchen Höhlen sickert Wasser durch weiche Gesteinsschichten, zum Beispiel Kalkstein, und trägt aufgelöste Mineralien mit davon. Wenn das mineralisierte Wasser dann von der Decke tropft, bleiben die Mineralien und Kristalle zurück und es bildet sich eine Säule, die aussieht wie ein Eiszapfen.

MAISSTÄRKE-TREIBSAND

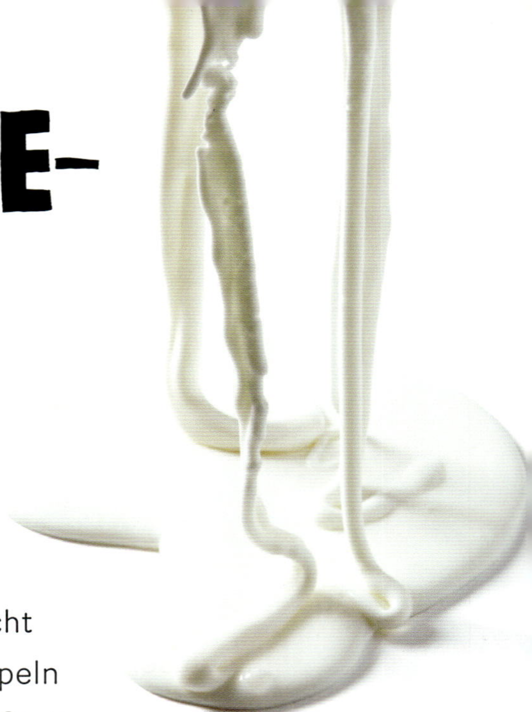

Feste Flüssigkeit oder flüssiger Festkörper?

Experten werden dir raten, falls du jemals in Treibsand feststecken solltest, dass du nicht in Panik ausbrechen und wild herumstrampeln darfst, weil du so nur noch tiefer sinken wirst. Stattdessen solltest du dich zurücklehnen, damit du auf dem wässrigen Sand treiben kannst und dann langsam wieder zu festerem Boden paddeln. Jetzt weißt du also, was zu tun ist, und du kannst dich nun daran machen deinen eigenen Treibsand zusammen zu rühren.

MATERIAL

Einmachglas mit Deckel, egal welche Größe

Wasser

Maisstärke

Holzlöffel oder anderes Mischwerkzeug

Flache Schüssel

SO GEHT'S

1 Verwende eine Mischformel mit einem Teil Wasser, zwei Teilen Maisstärke. Damit kannst du so viel Treibsand anrühren, wie du willst. Für eine große Portion kannst du ein 250 ml-Glas einmal mit Wasser und zweimal mit Maisstärke füllen. Vermisch danach alles in einem 1 l-Glas. Benutz einen stabilen Holzlöffel, um die Mischung zu einer dicken Paste zusammen zu rühren.

2 Gieß die Mischung in eine flache Schale und lauf mit deinen Fingern hindurch. Versuch sie wieder herauszuziehen, wenn sie einsinken, genau wie eine Person in Panik es tun würde. Beobachte, was dabei passiert. Nimm ein wenig der Mischung in deine Hand und drück sie fest zusammen. Lass wieder los und schau, wie sie sich verhält.

TIPP: Du kannst den Treibsand im Glas eine Weile aufheben. Entsorge ihn auf keinen Fall im Abguss (Verstopfungsgefahr!) sondern im Müll.

Was gibt es zu sehen?

Rührst du schnell oder klopfst darauf ist die Mischung zäh und fest, rührst du langsam oder lässt sie vom Löffel tropfen ist sie flüssiger.

Was passiert da?

Du hast eine kolloidale Lösung hergestellt, das ist eine Mischung, die aus sehr kleinen Partikeln besteht, die in Wasser schweben, wie Sand auf Wasser bei Treibsand. Solche Mischungen können sowohl flüssig, als auch fest sein, je nachdem, was du mit ihnen anstellst.

Der Wissenschaftler Sir Isaac Newton hat im 18. Jahrhundert Flüssigkeiten untersucht und dabei Regeln aufgestellt, wie sich die perfekten Flüssigkeiten verhalten sollten, aber die Kolloidale Lösungen ist so merkwürdig, dass sie „nicht newtonsche Flüssigkeit“ genannt wird.

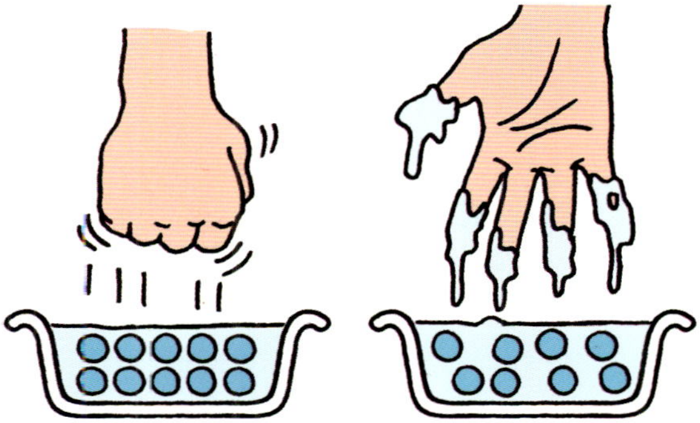

Unter Druck verhält sich eine nicht newtonsche Flüssigkeit wie ein fester Körper. Wenn sie nicht unter Druck steht, verhält sie sich wie eine Flüssigkeit.

ERZÄHL MIR MEHR DAZU

Der Wissenschaftler und Autor Steve Spangler ist 2008 im Fernsehen aufgetreten, um zu zeigen, dass man tatsächlich über einen riesigen Behälter voller Maisstärke-Treibsand laufen kann, solange man das sehr schnell macht. Er hat dazu 1140 Kilogramm Maisstärke mit 950 Litern Wasser vermischt und dann eine 2 Meter lange Wanne damit gefüllt. Dann hat er eine Frau aus dem Publikum gebeten, es auszuprobieren. Sie ist direkt darüber hinweg geflitzt.

DIY-KOMPASS

Entdecke die Kraft der Magnetfelder der Erde.

Mit Magneten kann man eine Menge wunderbarer Dinge anfangen – Hochgeschwindigkeitszüge über dem Boden schweben lassen, oder auch einen Blick in den menschlichen Körper werfen dank Magnetresonanztomographie (MRT). Der erstaunlichste Magnet ist allerdings das Magnetfeld der Erde. Dieses Netz aus unsichtbarer Energie, das durch die Bewegung von heißem Metall im Inneren unseres Planeten entsteht, sorgt dafür, dass eine Kompassnadel immer nach Norden zeigt. Dadurch haben sich die Menschen überall auf unserem Planeten seit mindestens tausend Jahren orientiert.

MATERIAL

- 500 ml-Einmachglas (oder kleiner) mit einer großen Öffnung
- 1 starker Magnet (also keiner, der flach und biegsam ist)
- Nähnadel
- Wachspapier
- Schere
- Wasser

SO GEHT'S

1 Magnetisier die Nähnadel, indem du sie am Nadelöhr festhältst, den Magneten gegen die Nadel drückst und ihn in Richtung Nadelspitze reibst. Wiederhol das etwa 40 Mal und reib dabei locker und immer in dieselbe Richtung. Die Magnetisierung verschwindet nach einer Weile, du musst diesen Vorgang daher wiederholen, sollte dein Kompass nicht mehr funktionieren.

SPRICH wie ein WISSENSCHAFTLER

Es gibt viele Tiere, die das Magnetfeld der Erde spüren können und es verwenden, um sich zu orientieren. Diesen Sinn nennt man Magnetorezeption. Dazu gehören zum Beispiel Brieftauben, Fledermäuse, Meeresschildkröten und sogar Fruchtfliegen, Menschen aber leider nicht.

2 Schneid aus dem Wachspapier einen Kreis aus, dessen Durchmesser so groß ist, wie deine Nadel lang ist. Stich die Nadel an zwei Stellen durch den Wachspapierkreis, sodass sie in der Mitte des Papiers befestigt ist. Füll das Glas mit Wasser und lass den Kreis mit der Nadel in der Mitte darauf schwimmen.

Was gibt es zu sehen?

Die schwimmende Nadel sollte sich so lange drehen, bis sie nach Norden und nach Süden zeigt. Du kannst mit einem echten Kompass oder Smartphone überprüfen, ob die Ausrichtung stimmt. Wenn sich das Papier zu den Innenseiten des Glases bewegt, schieb es wieder in die Mitte. Stell sicher, dass keine Magnete in der Nähe des Glases sind!

Was passiert da?

Die magnetisierte Nadel bewegt sich genau wie eine echte Kompassnadel abhängig vom Magnetfeld der Erde. Das Wachspapier-Floß ermöglicht es der Nadel, sich leicht zu drehen. So kann selbst das schwache Magnetfeld, das die Erde umgibt, sie bewegen.

ERZÄHL MIR MEHR DAZU

Das Magnetfeld der Erde war nicht immer so wie jetzt, nämlich mit dem magnetischen Nordpol kurz vor der Ellesmere-Insel im Norden von Kanada, was in der Nähe des tatsächlichen geografischen Nordpols des Planeten liegt. Wissenschaftler haben entdeckt, dass sich der magnetische Nordpol bewegt, ungefähr 56 Kilometer im Jahr.

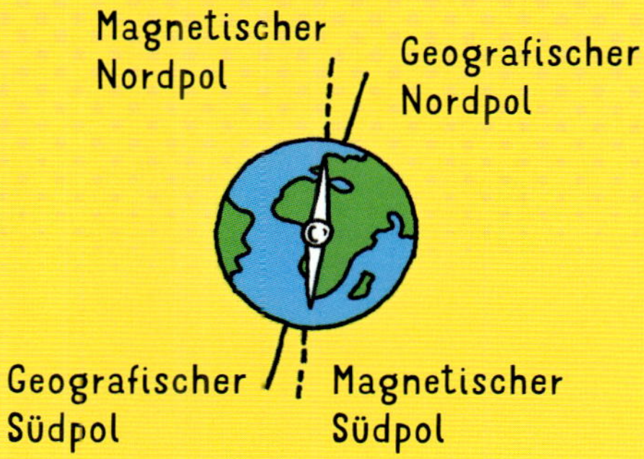

Noch aufregender ist, dass sich die magnetischen Pole von Zeit zu Zeit ganz plötzlich umkehren. Das bedeutet, dass alle Kompassnadeln dann nach Süden zeigten. Wissenschaftler haben das herausgefunden, indem sie Felsen und Lava untersucht haben. Wenn Lava abkühlt, richtet sich das Eisen in ihr nach dem Magnetfeld aus, das gerade besteht. So konnte man erkennen, dass sich die Pole vor sehr langer Zeit umgekehrt haben.

Und halt dich fest: Die Anzeichen deuten darauf hin, dass es schon längst überfällig ist, dass sich die Pole der Erde wieder umkehren!

TOTES MEER IN GLAS

Find heraus, warum man im Meer mehr Auftrieb hat.

Das Tote Meer, ein Salzsee in der Wüste im Mittleren Osten, enthält Wasser, das fast zehn Mal salziger ist als der Ozean. Seit tausenden von Jahren staunen Besucher darüber, wie leicht sie sich hier auf der Oberfläche treiben lassen können. Pflanzen und Fische können in diesem Wasser nicht überleben, was den unheimlichen Namen erklärt. Wie bringt Salz Dinge dazu, an der Wasseroberfläche zu treiben? In diesem Experiment entschlüsselst du das Geheimnis des Toten Meeres.

MATERIAL

- 2 500 ml-Einmachgläser mit großer Öffnung
- warmes Leitungswasser
- Salz
- 2 rohe Eier
- 1 Löffel

SO GEHT'S

1. Füll 230 ml warmes Leitungswasser in jedes der Gläser. Benutz dazu die Markierungen auf der Außenseite.
2. Füg 3 Esslöffel Salz zu einem der Gläser hinzu und rühr gut um, damit es sich auflöst.
3. Gib eines der Eier im Ganzen in das Glas ohne Salz. Was passiert?
4. Gib das andere Ei in das Glas mit dem Salzwasser. Was passiert?

SPRICH wie ein WISSENSCHAFTLER

Wenn Wissenschaftler darüber sprechen, dass etwas an der Wasseroberfläche schwimmen kann, sagen sie, dass es Auftrieb hat.

Was gibt es zu sehen?

Im ungesalzenen Wasser sollte das Ei untergehen und im salzigen Wasser schwimmen. Füg mehr frisches Wasser zu dem schwimmenden Ei im Salzwasser hinzu. Das Ei sollte anfangen, zu sinken. Wenn du genau die richtige Menge hinzufügst, wird das Ei in der Mitte des Glases schweben und weder nach unten sinken, noch nach oben steigen.

Was passiert da?

Gegenstände sinken ab oder steigen auf, je nachdem ob sie eine größere oder eine kleinere Dichte haben als die Flüssigkeit, in der sie sich befinden (siehe Seite 110). Dichte ist das Gewicht, das eine Sache in Abhängigkeit von ihrer Größe hat. Das Ei hat eine größere Dichte als das frische Wasser, aber eine kleinere als das Salzwasser.

Wenn du Salz zum Wasser hinzufügst, erhöhst du seine Dichte (Gegenstände werden getragen) fügst du Wasser hinzu, senkst du sie wieder (Gegenstände sinken).

GEH EINEN SCHRITT WEITER

Benutz die Gläser mit frischem Wasser und Salzwasser für ein Experiment, bei dem gezeigt wird, wie Kälte und Salz die Wasserströmung der Ozeane beeinflussen. Frier gefärbtes Wasser zu Eiswürfeln ein und gib in jedes Glas einen davon.

Im frischen Wasser sinkt das schmelzende gefärbte Wasser nach unten und vermischt sich mit dem Wasser im Glas. Im anderen Glas hält das dichtere Salzwasser das gefärbte Wasser als Schicht an der Oberfläche. Ganz ähnliche Kräfte gibt es in den Ozeanen, besonders in der Nähe vom Nord- und Südpol.

Wie ist das WETTER?

METEOROLOGIE-PROJEKTE FÜR REGNERISCHE (ODER SONNIGE ODER BEWÖLKTE) TAGE

Es ist nichts Neues, dass sich die Leute liebend gerne über das Wetter unterhalten, da es uns alle betrifft. Deshalb hat auch fast jeder etwas dazu zu sagen. Es ist aber auch ein Thema mit ernsten Seiten, daher befasst sich eine ganze Abteilung der Wissenschaft damit, es zu verstehen. Die Lehre des Wetters wird auch Meteorologie genannt und ermöglicht es uns, gefährliche Wetterphänomene wie Wirbelstürme, Tornados, Schneestürme, Dürren, Hitzewellen und ähnliches besser zu verstehen und vorherzusagen.

Wissenschaftler messen und dokumentieren das Wetter und können auf diese Weise wiederkehrende Muster erkennen und wichtige Vorhersagen zum Klimawandel machen, der ebenfalls uns alle betrifft. Das Wetter ist genauso mächtig und kompliziert wie der Planet Erde selbst. Mit den richtigen Messinstrumenten und Experimenten kannst du bei dir zu Hause beobachten und verstehen, welche Kräfte da am Werk sind. Bei den Projekten auf den nächsten Seiten machst du genau das.

BALLON-BAROMETER

Diese Tatsache haut dich vielleicht um: Das Gewicht der Luft, die über dir gestapelt ist, übt pro 1 x 1 Zentimeter Haut ungefähr 1 Kilogramm Druck auf dich aus. Wir bemerken diesen Luftdruck normalerweise nicht, außer wenn wir uns an höher gelegenen Orten aufhalten, wo der Luftdruck niedriger ist. Das kann in einem Aufzug passieren, oder wenn du mit dem Flugzeug fliegst. Dabei spürst du die Veränderung in deinen Ohren.

Ein Barometer misst den Luftdruck. Meteorologen schauen sich an, ob er niedrig oder hoch ist und ob er steigt oder fällt . So können sie voraussagen, was für ein Wetter auf uns zukommt. Mit dieser Anleitung kannst du dein eigenes Barometer bauen.

MATERIAL

- 2 1 l-Einmachgläser, eins davon mit großer Öffnung
- Ballon mit ca. 30 cm Durchmesser
- dickes Gummiband
- 2 Strohhalme, von denen du die knickbaren Teile abgeschnitten hast
- Schere
- Kleber
- Klebeband
- Karton oder festes Papier
- Luftdrucktabelle (siehe Seite 129)

HIER GEHT'S WEITER →

SO GEHT'S

1 Blas den Ballon auf, damit er gedehnt wird. Lass dann die Luft wieder ab und schneid ihm den Hals ab. Zieh den Ballon über die Öffnung eines Glases, und befestige ihn unterhalb der Rillen mithilfe eines dicken Gummibandes.

2 Schieb zwei Strohhalme ein Stück ineinander. Schneid das Ende dieses langen Strohhalms ein und schieb eine Pfeilspitze hinein, die du aus dem Karton oder festen Papier ausgeschnitten hast.

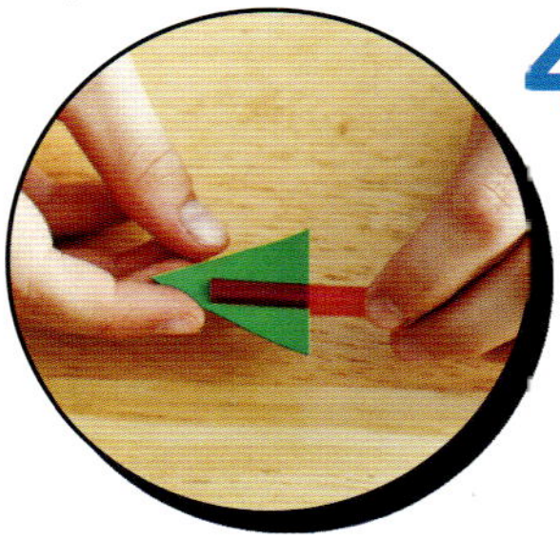

3 Zieh mit dem Kleber eine Linie aus Klebstoff von der Mitte des Ballons bis zum Rand des Glases. Platzier das Ende des Strohhalms, das keine Pfeilspitze hat, auf dem Kleber und stütz das andere Ende des langen Strohhalms ab, indem du das andere Glas darunter stellst. Kleb das Ende des Strohhalms auf dem Ballon vorsichtig mit einem Streifen Klebeband fest, bis der Kleber getrocknet ist.

4 Erstell nun eine Luftdrucktabelle. Nutz die Vorlage auf Seite 129 und kleb die Karte auf ein Stück Karton. Befestige die Karte mit Klebeband auf dem zweiten Glas, sodass sie aufrecht steht.

5 Sobald der Kleber ganz getrocknet ist, kannst du dein Barometer an einen Ort stellen, wo es in Ruhe stehen kann und wo es kein direktes Sonnenlicht abbekommt. Am besten ist ein Ort, wo die Temperatur immer gleich bleibt, zum Beispiel in einem Keller. Platzier das Glas mit der Tabelle direkt daneben und markier, wo dein Pfeil hinzeigt.

Was gibt es zu sehen?

Markier jeden Tag wohin der Pfeil zeigt und welches Datum und welche Uhrzeit gerade ist. Vergleich die Messwerte von deinem Barometer mit dem echten Luftdruck, den du online finden kannst (z. B. auf www.dwd.de oder ähnlichen Seiten). Nach ein paar Tagen ergibt sich eine Messtabelle anhand derer du den gesamten Umfang des Luftdrucks in deiner Gegend erkennen kannst.

Was passiert da?

Durch hohen Luftdruck sackt der Ballon ins Innere des Glases ab und der Pfeil zeigt nach oben. Bei niedrigem Luftdruck wölbt sich der Ballon nach oben und der Pfeil zeigt weiter nach unten. Da unterschiedliche Temperaturen ebenfalls die Form des Ballons beeinflussen solltest du das Glas an einen Ort stellen, wo diese möglichst gleich bleibt.

WISSENSCHAFT IM ECHTEN LEBEN

Die Erfindung des Barometers wird Evangelista Torricelli zugeschrieben, ein italienischer Physiker und Freund von Galileo Galilei (das ist der mit dem berühmten Teleskop!). Torricelli hat seine Version in Florenz im Jahr 1643 gebaut. Es war eine Glasröhre gefüllt mit Quecksilber.

Auch das „Wetterglas" enthält Flüssigkeit, die in Abhängigkeit vom Luftdruck steigt oder sinkt.

GEH EINEN SCHRITT WEITER

Versuch das Wetter vorherzusagen. Beobachte über einen ganzen Tag verteilt, wie sich der Pfeil bewegt. Wenn der Luftdruck steigt, wird das Wetter vermutlich gut. Wenn der Luftdruck sinkt, kommt schlechteres Wetter auf dich zu. Vergleich deine Messungen mit dem tatsächlichen Wetter und schau, ob deine Vorhersagen richtig waren!

MINI-TORNADO

Tornados gehören zu den kraftvollsten Wetterphänomenen und führen allein in den USA jedes Jahr zu dutzenden Todesfällen und hunderten Verletzten. Wissenschaftler untersuchen immer noch, wie sie entstehen, damit man irgendwann besser vorhersagen kann, wo sie als nächstes zuschlagen werden. Bei diesem Experiment kannst du die charakteristische Trichterform eines Tornados in einem Glas nachstellen – und das ganz ohne Gefahr bei dir zu Hause.

MATERIAL

- 1 l-Einmachglas, am besten mit glatten Wänden und einem Deckel
- Wasser
- Lebensmittelfarbe
- Spülmittel
- Glitzer oder Stickperlen (wenn du magst)
- Essig (falls nötig)

SO GEHT'S

1. Füll das Glas mit Wasser und lass ungefähr 3 Zentimeter Platz zum oberen Rand des Glases.
2. Füg etwa einen Teelöffel voll Spülmittel und ein paar Tropfen Lebensmittelfarbe hinzu. Zur Nachstellung von Trümmerteilen im Tornado kannst du Glitzer oder Stickperlen hinzufügen.
3. Schraub den Deckel gut zu und schüttele das Glas, damit sich alles vermischt.
4. Bring das seifige Wasser zum Drehen, indem du das Glas für 5 bis 10 Sekunden in einer kreisförmigen Bewegung schwenkst. Halte das Glas gegen das Licht und bestaune deinen Tornado.

Was passiert da?

Wenn du das Glas kreisförmig schwenkst, bewegt sich die Flüssigkeit direkt an den Innenseiten des Glases schneller im Kreis, als die Flüssigkeit in der Mitte des Glases. Wenn du aufhörst zu schwenken, dreht sich die innere Flüssigkeit weiter, während die äußere sich nach und nach langsamer dreht. Gleichzeitig zieht die Schwerkraft alles nach unten. Das Ergebnis davon ist eine sich drehende Spirale, die auch Vortex oder Wirbel genannt wird.

Bei einem Tornado wird der Vortex dadurch verursacht, dass Winde in entgegengesetzte Richtungen wehen. Kraftvolle Aufwinde aus warmer Luft heben die wogende Luft dann zu einer senkrechten Säule, aus der – bei den richtigen Bedingungen – dann ein Tornado wird.

Was gibt es zu sehen?

Das Seifenwasser im Inneren fängt an zu kreiseln und formt einen Strom, der wie die trichterförmige Wolke eines Tornados aussieht und alles mitreißt, was ihm in den Weg kommt (das kannst du am Glitzer und den Perlen beobachten). Wenn dein Spülmittel zu sehr schäumt, schöpf den Schaum ab und füg etwas Essig hinzu.

ERZÄHL MIR MEHR DAZU

Normalerweise gibt es in den USA jedes Jahr ungefähr 1000 Tornados nach Angaben der Nationalen Ozean- und Atmosphärenbehörde der USA. Die stärksten dieser Winde sind mit mehr als 400 Stundenkilometern unterwegs. Sie können mehr als 1 ½ Kilometer breit sein und so auf einer Fläche von 80 Kilometern für Chaos und Zerstörung sorgen!

WOLKEN ERSCHAFFEN

Wolken bestehen aus winzigen Staubpartikeln, Ruß und Rauch. Der Staub bietet dem Wasser in der Luft, auch als Wasserdampf bekannt, etwas, woran es sich niederschlagen kann. Man nennt diesen Effekt Kondensation. Bei einer Wolke beginnt dies, sobald Wasserdampf in die Atmosphäre aufsteigt und durch den niedrigeren Luftdruck dort oben abkühlt.

Bei diesem Experiment lösen wir die Kondensation mit kühler Luft aus. Auf die gleiche Weise entsteht Nebel, der im Grunde genommen einfach eine Wolke ist, die sich in der Nähe des Bodens bildet, wenn warme, feuchte Luft auf Kälte trifft.

MATERIAL

- 1 l-Einmachglas
- 1 Plastikbecher, von dem der Großteil ins Glas passt, aber der Rand oben heraus schaut
- Eiswürfel und kaltes Wasser
- heißes Leitungswasser
- Streichhölzer

SICHERHEIT GEHT VOR: In diesem Experiment wirst du Streichhölzer anzünden, weshalb du einen Erwachsenen dabei haben solltest.

SO GEHT'S

1. Füll den Becher mit Eiswürfeln und kaltem Wasser.
2. Erwärm das Glas, indem du es einige Male mit heißem Wasser ausschwenkst. Füll dann 5 bis 8 Zentimeter heißes Wasser in das Glas und stell es auf deine Arbeitsplatte.
3. Lass ein angezündetes Streichholz in das heiße Wasser fallen und platzier sofort danach den Becher voll Eiswasser über der Öffnung des Glases. Es bilden sich kleine Wolkenfetzen.

Was passiert da?

Durch Hinzufügen und Schwenken des heißen Wassers bildet sich Wasserdampf im Glas. Rußpartikel vom angezündeten Streichholz bieten eine Oberfläche, auf der er sich sammeln kann und das Eiswasser sorgt für die Kälte, die die Kondensation auslöst. Das Ergebnis: Deine eigene Wolke, eingefangen in einem Glas.

Geh einen Schritt weiter

Du kannst eine Wolke auch mithilfe von Luftdruck im Glas fangen. Wenn warme, feuchte Luft in die Atmosphäre aufsteigt, sinken ihr Druck und ihre Temperatur, wodurch sie sich ausdehnt und abkühlt, was Kondensation auslöst. Um dies in einem Glas nachzustellen, musst du einen Ausgießer auf dein Glas schrauben (siehe Seite 105).

Schwenk zuerst etwas heißes Wasser im Glas, schütte fast alles wieder aus und lass ein angezündetes Streichholz durch den Ausgießer in das Glas fallen. Hol tief Luft und blas durch den Ausgießer in das Glas hinein, um den Luftdruck zu erhöhen. Hör ganz plötzlich auf zu pusten und schau genau hin: Kannst du eine schwache Nebelwolke sehen?

Blas noch einmal hinein und hör dann wieder auf. Sobald du den Druck erhöhst, sollte der Nebel verschwinden. Wenn du aufhörst, sinkt der Luftdruck und eine Wolke sollte erscheinen. Strahl das Glas mit einer Taschenlampe an oder halt es gegen ein Licht. Beim Abschrauben des Deckels kann es sein, dass du ein paar Wolkenfetzen herausschweben siehst.

ERZÄHL MIR MEHR DAZU

Kondensstreifen sind die weißen Linien, die Flugzeuge am Himmel hinter sich herziehen. Sie bilden sich, weil die Abgase der Triebwerke Ruß hinterlassen, auf dem Wasserdampf kondensieren kann, genauso wie mit dem Rauch vom Streichholz im Experiment.

REGENMESSER

Gärtner wissen wie wichtig Regen ist. Ohne ihn würden die Pflanzen nicht überleben. Pi mal Daumen rechnet man, dass Gemüsepflanzen 2 bis 3 Zentimeter Regen pro Woche brauchen. Aber wie viel sind 2 bis 3 Zentimeter Regen? Wie soll man das abmessen? Mit diesem einfachen Messgerät erfährst du, wie es funktioniert.

MATERIAL

- 1 l-Einmachglas mit glatten, geraden Wänden, großer Öffnung, Messlinien und einem zweiteiligen Deckel
- 1 l-Plastikflasche
- Stift zum Markieren
- Schere

SO GEHT'S

1 Stell einen Auffangtrichter für deinen Regenmesser her. Steck die Literflasche mit der Öffnung nach unten in das Glas und zeichne etwas oberhalb vom Rand des Glases eine Linie auf die Flasche. Schneid dort die Flasche durch.

2 Platzier den Trichter mit der kleinen Öffnung nach unten im Glas, sodass der Rand gerade noch etwas über das Glas hinaus ragt. Schraub den Ring des zweiteiligen Deckels darüber auf das Glas, sodass er den Trichter an Ort und Stelle hält.

3 Stell das Glas draußen auf einer freien Fläche auf, wo keine Dachvorsprünge oder Bäume den Regen abhalten, aber windgeschützt ist.

Was gibt es zu sehen?

Schau nach einem Regenschauer nach, wie viel Niederschlag es gegeben hat. Ein heftiger Regenschauer kann ganze 2–3 Zentimeter Regenwasser bringen, meistens reicht es aber nicht einmal für einen Zentimeter. Du kannst die Messlinien auf deinem Glas dazu benutzen oder mit einem Lineal ganz genau messen. Gieß das Regenwasser weg, wenn du wieder ganz neu messen möchtest.

Was passiert da?

Niederschlag wird in Zentimetern gemessen. Jede Art von zylinderförmigem Gefäß mit aufrechten Wänden ist als Messgerät geeignet, um eine Beispielmenge an Wasser zu sammeln, bei einem Glasbehälter mit Messlinien kannst du den Wasserstand aber auf einen Blick erkennen. Der Zylinder sorgt dafür, dass das Wasser langsamer aus dem Behälter verdampft und behält die Regenwasserprobe länger in sich. Da der Trichter genauso groß ist wie das Glas, wird die Genauigkeit des Regenmessers nicht durch hereintröpfelndes Wasser verfälscht.

ERZÄHL MIR MEHR DAZU

Ein Regenmesser, in den 1 Liter passt, wäre am 22. Juni 1947 in der Stadt Holt im Bundesstaat Missouri in den USA zu nichts Nütze gewesen. An diesem Tag hat es innerhalb von 42 Minuten eine Rekordmenge von 30 Zentimetern geregnet!

Die Wurzel allen Spaßes

BOTANIK

Wie wichtig ist Botanik, die Wissenschaft der Pflanzen? Nun, ohne sie hätten wir Menschen es nicht geschafft, unsere moderne Zivilisation zu erschaffen, weil wir den ganzen Tag damit beschäftigt wären, Essen zu suchen. Durch die Wissenschaft der Botanik und die Entwicklung der Landwirtschaft haben wir eine verlässliche Quelle für Lebensmittel bekommen, wodurch wir mehr Zeit haben, um uns wichtigeren Dingen zu widmen: Die Erkundung neuer Gebiete, der Bau von Städten, in denen Menschen mit Waren handeln und Ideen austauschen können, die Gründung von Schulen und Universitäten.

Auch heute machen Pflanzenforscher wichtige Entdeckungen, züchten neue Ackerpflanzen, die besser schmecken, mehr Nährstoffe enthalten, Krankheiten besser standhalten und unter härteren Bedingungen wachsen. Mit Pflanzen zu arbeiten ist ganz schön spannend!

BUNTE KAPILLARE

Mit gefärbtem Wasser verpasst du Gemüse einen neuen Look.

Durstige Gemüsepflanzen benutzen ihre Wurzeln und Stiele wie einen Strohhalm und saugen damit Wasser und Nährstoffe auf, um ihre Blätter zu versorgen. Bei diesem Experiment kannst du genau sehen, wie sie das machen. Das gefärbte Wasser wandert die Pflanze hinauf und gelangt so in die Blätter. Am besten sichtbar wird die Farbe bei Chinakohl mit seinem weißen Strunk.

MATERIAL

mehrere große Einmachgläser (für 500 ml oder 1 l)

Chinakohl oder Stangensellerie mit Blättern*

Küchenschere

Wasser

Lebensmittelfarbe

**Nutz leicht welke Blätter für optimale Ergebnisse.*

SO GEHT'S

1. Brich mehrere Blätter vom Chinakohl oder einzelne Stangen vom Sellerie ab. Schneid das untere Ende mit der Küchenschere zu, sodass es eben und glatt ist.

2. Füll jedes Glas ungefähr 5 cm hoch mit Wasser und vermisch darin ca. 20 Tropfen Lebensmittelfarbe.

3. Platzier die Blätter aufrecht in den Gläsern und beobachte sie für einige Tage.

SPRICH wie ein WISSENSCHAFTLER

Pflanzen transportieren Wasser von ihren Wurzeln in ihre Blätter und geben sie an die Luft ab. Dies nennt sich Transpiration und funktioniert ähnlich wie das Schwitzen beim Menschen. Nachdem die Pflanze über das Wasser wichtige Nährstoffe bekommen hat, wird es durch winzige Löcher (die Spaltöffnungen heißen) an der Unterseite der Blätter wieder ausgestoßen.

Je nach Wetter und Erdboden geben die Pflanzen mehr oder weniger Wasser ab. Ein 4000 m^2 großes Maisfeld kann an einem Tag mehr als 10.000 Liter Wasser ausstoßen. Eine große Eiche kann in einem Jahr sogar mehr als 150.000 Liter abgeben!

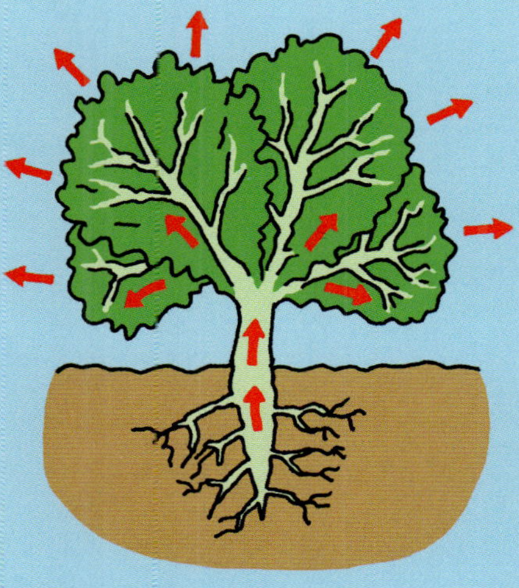

Was gibt es zu sehen?

Im Lauf der nächsten Stunden oder über Nacht solltest du sehen können, wie nach und nach Farbe am weißen Strunk auftaucht. Sie breitet sich langsam zu den Ansätzen der Blätter und schließlich über die ganzen Blätter aus. Je länger du die Blätter im gefärbten Wasser stehen lässt, desto kräftiger sollte die Farbe werden.

Was passiert da?

Das Blatt der Pflanze fängt an auszutrocknen, weshalb sie beginnt, Wasser durch die winzigen Röhrchen, die sogenannten Xyleme, nach oben zu ziehen. Das tut sie mithilfe des Kapillareffekts (mehr dazu auf Seite 108). Bei einer lebenden Pflanze würden die Xyleme das Wasser von den Wurzeln bekommen. In diesem Fall saugen die Xyleme das gefärbte Wasser direkt aus dem Glas.

Geh einen Schritt weiter

Verpass Blumen mit weißen Blütenblättern, zum Beispiel Nelken, einen bunten Farbschimmer. Schneid die Stiele ungefähr 15 Zentimeter unterhalb der Blüten ab und stell die Blumen in Gläser mit gefärbtem Wasser. Wenn du ein zweifarbiges Ergebnis haben willst, dann schneid den unteren Teil in zwei Hälften und platzier jeweils eine Hälfte davon in einem Glas mit einer anderen Farbe.

WURZELBLICK

Sieh aus dem Blickwinkel eines Wurms, wie Wurzeln wachsen.

Gärtner freuen sich unglaublich darüber, wenn ihre Jungpflanzen im Frühjahr aus der Erde hervorbrechen. Bevor diese kleinen Sprösslinge auftauchen können, müssen die Samen erst noch zum Leben erwachen durch einen Prozess namens Keimung. Gib ein paar Samen in ein Einmachglas, das mit feuchten Küchentüchern gefüllt ist und du kannst mit eigenen Augen sehen, was da passiert.

MATERIAL

- 1 l-Einmachglas mit Deckel
- Küchentücher
- farbige Papierservietten (wenn du magst)
- Holzspatel oder anderes Bastelwerkzeug
- große Samen (beispielsweise Bohnen, Erbsen oder Kürbiskerne)
- Wasser

SPRICH wie ein WISSENSCHAFTLER

Die Fähigkeit von Pflanzen, ihre Wurzeln nach unten und ihre Triebe nach oben zu schicken, nennt sich Geotropismus oder Gravitropismus. Pflanzen spüren die Anziehung der Schwerkraft und orientieren sich daran, um ihre Wurzeln nach unten in die Erde auszurichten, wo sie Wasser finden, und um ihre Triebe nach oben in die Luft auszustrecken, wo sie Licht finden. Charles Darwin, der für seine Evolutionstheorie bekannt ist, war einer der ersten Wissenschaftler, der diese Fähigkeiten festgehalten hat.

SO GEHT'S

1 Leg Küchentücher oder farbige Papierservietten glatt entlang der Innenwände des Glases (durch die farbigen Servietten hast du einen besseren Kontrast). Knüll dann ein Dutzend oder mehr Küchentücher zusammen und stopf damit das Glas aus.

2 Füg ausreichend Wasser hinzu, sodass die Küchentücher ordentlich durchnässt sind. Sie sollten gleichmäßig feucht sein, mit einer kleinen Pfütze am Boden in der Mitte des Glases.

3 Benutz einen Holzspatel, um die Samen zwischen Wand und Papiertücher bis zur Hälfte des Glases zu schieben.

4 Schraub den Deckel auf das Glas und stell es an einen warmen Ort, aber nicht ins direkte Sonnenlicht. Leg das Glas im Laufe der Tage ab und zu auf die Seite und roll es hin und her, damit die Samen befeuchtet werden und füg mehr Wasser hinzu, falls die Küchentücher austrocknen.

Was gibt es zu sehen?

Nach ca. einer knappen Woche kannst du sehen, wie Wurzeln aus den Samen hervorkommen. Kurze Zeit später sollte ein grüner Trieb auftauchen. Stell das Glas jetzt an einen sonnigen Platz und entferne den Deckel. Schau jeden Tag nach den Keimlingen und halt die Küchentücher feucht. Wenn alles gut geht, dann wachsen die Keimlinge irgendwann oben aus dem Glas heraus!

Falls deine Samen nicht wachsen, kann es sein, dass sie alt sind. Versuch es mit anderen Samen.

Was passiert da?

Keimung ist eine Reaktion, die durch Wasser und Temperatur ausgelöst wird. Das Wasser aktiviert Chemikalien im Samen, durch die dieser Prozess anfängt. Als erstes schickt der Samen eine Wurzel nach draußen, die nach unten wächst, um mehr Wasser zu suchen.

Als nächstes kommt ein Trieb, der nach oben wächst und grüne Blätter bekommt, mit denen die Energie der Sonne in Nährstoffe umgewandelt wird. Bis der Samen einen Trieb entwickeln kann, lebt er von seinem eigenen Nahrungsmittelspeicher (mehr auf Seite 82).

DER KÜCHEN-GARTEN

LASS AUS GEMÜSE-RESTEN EINEN ZIMMERGARTEN ENTSTEHEN

Pflanzen fangen meistens als Samen an – das ist aber nicht die einzige Möglichkeit, um etwas wachsen zu lassen. Aus den übrig gebliebenen oberen Enden von Karotten kannst du Karottengrün wachsen lassen und eine Süßkartoffel kannst du dazu bringen, ein spektakuläres efeuartiges Geflecht zu produzieren. Oder willst du etwas noch Beeindruckenderes zustande bringen? Dann lass einen Avocadobaum aus einem Kern wachsen, den du sonst in den Müll oder auf den Kompost geworfen hättest!

Du brauchst lediglich ein kleines bisschen Hintergrundwissen, was welche Pflanze benötigt, und dazu ein wenig Zeit und Aufmerksamkeit, damit sie groß und stark werden.

COOLER KAROTTEN-WALD

MATERIAL

250 ml-Einmachglas (oder 500 ml) mit großer Öffnung

Kiesel oder Glasmurmeln

Karotten (am besten mit Karottengrün)

Wasser

SO GEHT'S

1 Schneid oben das Karottengrün ab und kürz die Karotte von dort aus auf ca. 5 Zentimeter.

2 Verteil eine Schicht aus Kieseln (oder Murmeln) auf dem Glasboden und stell dann die Karotten-Oberteile darauf.

3 Füge Wasser hinzu, sodass die Karotten fast ganz bedeckt sind. Stell das Glas dann auf eine sonnige Fensterbank.

Was gibt es zu sehen?

Behalt die Höhe des Wassers im Auge und füll es auf, falls es zu wenig wird. Irgendwann tauchen kleine Würzelchen an den Seiten und der Unterseite auf, sowie kleine grüne Triebe auf der Oberseite. Wenn du die Pflanzen länger behalten willst, kannst du sie in ein größeres Glas mit Blumenerde umpflanzen.

Was passiert da?

Karotten sind zweijährig, das bedeutet, dass sie über zwei Jahre hinweg blühen und Samen produzieren. Im ersten Jahr speichern sie ihre Nährstoffe in ihrer Wurzel. Im zweiten Jahr lassen sie eine Blüte aus ihrer Wurzel heranwachsen. Bei unserem Experiment, fangen die Karotten wieder für ihr zweites Jahr an zu wachsen. Mit etwas Glück wirst du eine Blüte zu sehen bekommen!

Super-SÜßKARTOFFEL

MATERIAL

Einmachglas mit großer Öffnung, in das deine Süßkartoffel passt

Süßkartoffel

Zahnstocher

Wasser

SO GEHT'S

1 Such dir auf jeden Fall ein Glas aus, in das zwei Drittel deiner Süßkartoffel passen, wobei das spitze Ende nach unten schauen soll. Falls beide Enden spitz sind, musst du nach dem Ende mit einer runden Narbe schauen, womit die Süßkartoffel vor der Ernte mit ihrer Pflanze verbunden war.

2 Spieß zwei bis drei Zahnstocher so in die Süßkartoffel, dass ihr unteres Ende ein Stückchen über dem Boden des Glases gehalten wird, wenn du sie mit den Zahnstochern auf den Rand setzt. Füll das Glas mit Wasser auf, nachdem du die Süßkartoffel hinein gesetzt hast.

3 Stell das Glas auf eine sonnige Fensterbank und füll das Wasser auf, wenn es weniger wird. Beobachte, was passiert.

Was gibt es zu sehen?

Nach ein bis zwei Wochen solltest du kleine Wurzeln wachsen sehen und bald darauf rote Sprösslinge an der Oberseite der Kartoffel. Diese Sprösslinge verwandeln sich irgendwann in lange Triebe mit üppigen Blättern. Wenn die Triebe etwa 15 Zentimeter lang sind, kannst du die Kartoffel, wenn du möchtest, in einen größeren Behälter mit Blumenerde umtopfen.

ACHTUNG: Chemisch behandelte Süßkartoffeln treiben nicht aus, verwende daher lieber eine Bio-Süßkartoffel.

Was passiert da?

Eine Süßkartoffel ist eine Knollenfrucht, ein dicker, unterirdischer Strunk, in dem eine Pflanze ihre Nährstoffe für die nächste Wachstumszeit aufbewahrt. Wenn du die Knollenfrucht mit Licht und Wasser in Kontakt bringst, fängt sie an zu wachsen und bildet neue Sprösslinge, die man Stecklinge nennt, aus denen jeweils eine neue Pflanze werden kann.

Sind die Stecklinge groß genug, kannst du sie von der Kartoffel abbrechen und sie in Wasser stellen. Sie bilden dann ihre eigenen Wurzeln und du kannst sie im Garten einpflanzen.

ERZÄHL MIR MEHR DAZU

Vielleicht hast du schon einmal gehört, dass Süßkartoffeln manchmal auch Yams genannt werden. Tatsächlich sind das aber zwei ganz verschiedene Gemüsearten. Echter Yams hat eine raue, rindenartige Schale und ist im Inneren meistens weiß. Süßkartoffeln haben eine glattere Schale und können innen cremig-weiß, leuchtend orange oder sogar lila sein.

Abgefahrener AVOCADO-BAUM

MATERIAL

- 500 ml-Einmachglas (oder größer). Bei einem Glas mit großer Öffnung ist das umtopfen leichter.
- Kern einer Avocado
- Messer (wenn nötig)
- Blumenerde
- Gefrierbeutel aus Plastik
- Zahnstocher oder Küchentücher und ein Gefrierbeutel mit Zippverschluss
- Wasser

SO GEHT'S

1 Wasch den Avocadokern ab und entferne die braune Schale, am besten mit deinen Fingernägeln oder, wenn das nicht funktioniert, mit einem Messer.

2 Du hast verschiedene Möglichkeiten für das Aufkeimen. Wenn du drei Avocadokerne nimmst, kannst du alle drei ausprobieren und schauen, welche am besten funktioniert!

Möglichkeit 1: In Erde pflanzen

Füll das Glas etwa zu dreiviertel mit Erde und drück den Kern etwa zu zweidrittel (mit spitzem Ende nach oben) in die Erde. Gieß ihn gründlich, stell ihn in die Sonne und bedeck das Glas mit einem Gefrierbeutel. Entfern diesen sobald ein Sprössling auftaucht.

Möglichkeit 2: In Wasser stellen

Wenn du mehr davon sehen willst, was mit dem Kern passiert, kannst du drei Zahnstocher in den oberen Teil spießen, die alle leicht nach oben zeigen. Anschließend setzt du den Kern in ein mit Wasser gefülltes Glas, wobei die Zahnstocher ihn auf dem Rand des Glases festhalten. Der Kern sollte ungefähr zur Hälfte mit Wasser bedeckt sein. Stell das Glas auf eine sonnige Fensterbank und behalte den Wasserspiegel im Auge, damit der Kern nicht austrocknet.

Möglichkeit 3: In Tücher einwickeln

Wickle den Kern in feuchte Küchentücher, leg ihn in einen Gefrierbeutel mit Zippverschluss und leg ihn im geschlossenen Beutel auf eine warme, sonnige Fensterbank. Überprüf jede Woche, ob die Küchentücher noch feucht sind.

Was gibt es zu sehen?

Es kann mehrere Wochen lang dauern, bis ein Avocadokern aufkeimt. Irgendwann bricht der Kern auf und ein Sprössling taucht auf. Wenn du die Methode mit den Zahnstochern oder den Küchentüchern genommen hast, kannst du den aufgekeimten Kern in ein kleines Glas oder einen Blumentopf einpflanzen. Achte dabei darauf, dass mindestens 2 Zentimeter des Kerns über der Erde bleiben. Nach einigen Wochen sollte der Sprössling weiter gewachsen sein und irgendwann einige Blätter austreiben. Halt die Erde schön feucht und bleib geduldig!

ERZÄHL MIR MEHR DAZU

Avocadobäume, die aus einem Kern gewachsen sind, können ziemlich groß werden, tragen aber selten Früchte. Stattdessen verwenden Bauern, die Avocados anbauen, gepfropfte Bäume. Das bedeutet, dass die Wurzeln von einer Avocadoart mit dem Stamm und den Ästen von einer anderen Art, die Früchte trägt, zusammengewachsen sind.

GRASKÖPFE

Verpass deinem Lieblingswissenschaftler (oder einem Verwandten) einen lebenden Haarschopf.

UNSER HAARSTRÄUBENDES TRIO: Der Wissenschafts-Fernsehmoderator Bill Nye, der Astrophysiker Neil deGrasse Tyson und Physiker Albert Einstein

MATERIAL

- 500 ml-Einmachglas
- Mulltuch (das bekommst du im Supermarkt)
- Gras-Samen (wir haben Katzengras genommen, weil das buschiger ist)
- Blumenerde
- Schnur oder Garn
- Schüssel Wasser
- Ausgedrucktes Foto deiner Lieblingsperson

Gras und Haare haben drei Gemeinsamkeiten: (1) Es gibt sie in verschiedenen Variationen, (2) sie müssen regelmäßig geschnitten werden und (3) manche Väter haben Mühe, sie zum Wachsen zu bringen! Bei diesem Projekt wirst du sehen, dass Gras zum Wachsen zu bringen viel einfacher sein kann, als Haare.

Das Mulltuch, das wir verwenden, sorgt wie eine Wurzel dafür, dass die Samen feucht bleiben. Wenn das Gras anfängt zu wachsen, solltest du den Wasserstand nur noch einmal pro Woche überprüfen.

SO GEHT'S

1 Schneid ein 30 mal 60 Zentimeter großes Stück aus dem Mulltuch zurecht und falt es in der Mitte, zu einem Viereck (30 x 30 cm). Gib 2 bis 3 Esslöffel voll Gras-Samen in die Mitte des Tuches. Streu etwa ein halbes Glas voll Erde über die Samen auf dem Tuch.

2 Verdreh die vier Tuchecken miteinander bis die Erde mit den Samen zu einer kleinen Kugel zusammengerollt wird. Bind sie mit einer Schnur zu. Die Kugel sollte groß genug sein, um auf dem Glas aufzusitzen. Der „Schwanz“ aus den überhängenden Ecken wird zu einer Wurzel, durch die das Wasser nach oben zur Erde gelangt.

3 Weich die Kugel mit Wurzel in Wasser ein, drück überschüssiges Wasser aus und leg die Kugel mit Wurzel nach unten auf ein halbgefülltes Glas mit Wasser.

4 Druck in der Größe des Glases ein Bild deiner Wunschperson aus. Schneid den Oberkopf weg und klebe das Foto auf das Glas. Die Stirn sollte auf Höhe des Glasrandes sein und das Glas stellst du am besten an einen warmen, sonnigen Ort.

HIER GEHT'S WEITER →

Was gibt es zu sehen?

Die Tuch-Wurzel wird die Erdkugel feucht halten, allerdings kann es sein, dass du das Glas nach ein paar Tagen auffüllen musst. Dazu hebst du über der Spüle vorsichtig die Graskugel aus dem Glas und füllst es dann mit Wasser auf. Nach einigen Tagen sollten unter der Kugel echte Wurzeln auftauchen und wenig später grüne Sprösslinge auf der Oberseite.

Nach ungefähr einer Woche sollte dein Glas einen buschigen Graskopf bekommen haben. Wenn du magst, kannst du deinem Graskopf jetzt einen Haarschnitt verpassen.

Sehr beerige TINTE

Mach es wie in früheren Zeiten und benutz natürliche Materialien zum Schreiben.

Für mehr als 1000 Jahre war es für uns ganz normal mit einer Vogelfeder zu schreiben, bis um das Jahr 1820 ein Füller aus Metall erfunden wurde. Egal ob Federkiel oder Füller, was nicht fehlen darf ist Tinte. Über die Jahrhunderte haben Tintenmacher die unterschiedlichsten Rezepte bestehend aus Pflanzen, Teilen aus Tieren und Mineralien ausprobiert. Für unser Experiment benutzen wir unter anderem Beeren. Mit einem Plastikstrohhalm kannst du dir eine Schreibfeder basteln.

MATERIAL

- 2 250 ml-Einmachgläser, eins davon mit Deckel
- 50 g reife Beeren, z. B. Blaubeeren, Brombeeren, Erdbeeren, Holunderbeeren oder Himbeeren; du kannst auf jeden Fall auch Beeren benutzen, die schon überreif und zum Essen ungeeignet sind.
- kleines Sieb
- Löffel
- ½ Teelöffel Essig
- ½ Teelöffel Salz
- Plastikstrohhalm
- Schere

HIER GEHT'S WEITER →

SO GEHT'S

Tinte herstellen

1 Gib die Beeren in eines der Gläser, bedeck sie mit einem Küchentuch und erwärm sie für 30 bis 60 Sekunden in der Mikrowelle, bis sie weich und saftig sind.

2 Platzier das Sieb über dem anderen Glas und drück die Beeren mit der Rückseite des Löffels hindurch, sodass der Saft im Glas gesammelt wird. Den Beerenmatsch kannst du entsorgen.

3 Misch nun Essig und Salz gut unter.

4 Lass die Tinte im geschlossenen Glas im Kühlschrank über Nacht ruhen.

Schreibfeder basteln

1 Schneid das Ende des Strohhalms schräg ab. Die so entstandene Spitze kürzt du mit der Schere. So erhältst du eine breitere Spitze mit der du gut schreiben kannst.

2 Schneid in die Mitte der Schreibspitze einen ca. 1 Zentimeter langen Schlitz.

3 Tauch den Strohhalm mit der Spitze in die Tinte und schreib auf dein Blatt.

Was gibt es zu sehen?

Ist die Tinte zu dickflüssig, dann verdünn sie mit Wasser, immer nur ein bisschen auf einmal, bis die Konsistenz flüssiger ist und die Tinte so fließt, wie du es willst. Gib auf keinen Fall zu viel hinzu! Dadurch kann deine Tinte nämlich zu blass werden.

Was passiert da?

Beeren sind deshalb so gut als Tinte geeignet, weil sie Pigmente namens Anthocyane enthalten (mehr dazu auf Seite 26), die ihnen ihre typische rote, blaue oder lila Farbe verleihen. Der säurehaltige Essig in diesem Rezept dient als Fixiermittel, also als Stoff, durch den die Pigmente haltbarer werden. Das Salz verhindert, dass sich Schimmel bilden kann.

Der Saft läuft durch den Kapillareffekt (siehe auf Seite 108) entlang des Schlitzes im Strohhalm nach unten und auf das Papier. Bei einem echten Federkiel wird die Spitze mit Hitze behandelt, um sie härter zu machen und am Ende noch zurechtgeschnitzt.

ERZÄHL MIR MEHR DAZU

Jeder harte, spitze Gegenstand kann in Tinte getaucht und zum Schreiben benutzt werden. Vor sehr langer Zeit schon haben Menschen aber entdeckt, dass angespitzte, hohle Röhrchen – zum Beispiel ein Schilfrohr – mehr Tinte in sich halten können und sie so ihr Schreibgerät weniger oft in die Tinte eintauchen müssen. Federn von größeren Vögeln erwiesen sich als noch besser geeignet zum Schreiben und wurden ab dem 6. bis ins frühe 18. Jahrhundert am meisten genutzt.

Thomas Jefferson, der die Unabhängigkeitserklärung der USA mit einem Federkiel schrieb, hat auf seiner Farm Monticello besondere Gänse gehalten, damit er immer einen Vorrat an Federkielen zur Hand hatte. Nur die vordersten paar Federn vom linken Flügel der Vögel wurden benutzt, weil Rechtshänder durch die Krümmung dieser Federn so sehen konnten, was sie schreiben.

Samen-
SUPERMAN!

Pure Pflanzen-Power im Test.

Pflanzen sind von klein an super starke Power-Pakete. Ein Samenkorn muss für sich selbst sorgen, sobald es auf den Boden fällt. Wenn die Bedingungen von der Temperatur und Feuchtigkeit her gut zum Aufkeimen sind, muss er seine Wurzel in die Erde treiben und schnell Blätter wachsen lassen, bevor sich die äußeren Bedingungen ändern. Dazu braucht es Kraft. Hier wird ein Bohnensprössling zeigen, dass er wirklich Gewichte heben kann!

MATERIAL

- 250 ml-Einmachglas (oder 500 ml)
- Blumenerde
- Bohnensamen (wir haben Brechbohnen genommen)
- 4 Zahnstocher
- Cent-Münze
- Gefrierbeutel aus Plastik
- Wasser

SO GEHT'S

1. Füll das Glas mit Blumenerde. Pflanz in der Mitte ungefähr 1 Zentimeter tief einen Bohnensamen ein. Gieß in sorgfältig, aber ohne, dass die Erde total nass ist.

2. Leg auf die Erde über dem Samen eine Cent-Münze und spieß außen herum vier Zahnstocher in die Erde.

3. Stell das Glas an einen warmen, sonnigen Ort und deck es bis die Bohne aufkeimt mit einer Plastiktüte zu.

Was gibt es zu sehen?

Es kann bis zu einer guten Woche dauern bis die Bohne anfängt aufzukeimen. Überprüf die Erde alle paar Tage und gieß sie bei Bedarf. Falls sie nicht aufkeimt probier eine andere Bohne (siehe Seite 68).

Was passiert da?

Der Bohnensamen bildet als erstes eine Hauptwurzel (Keimwurzel), die nach unten wächst, um sich in der Erde zu verankern, und anfängt Wasser aufzunehmen. Als nächstes wächst ein Stängel (der Hypokotyl) nach oben. An ihm wachsen samenförmige Keimblätter (Kotyledone) und anschließend die Laubblätter. Der Keimling wächst mit so viel Stärke, dass er Dinge aus dem Weg schieben kann, die ihm im Weg sind. Zum Beispiel Steinchen, Zweige oder sogar Münzen!

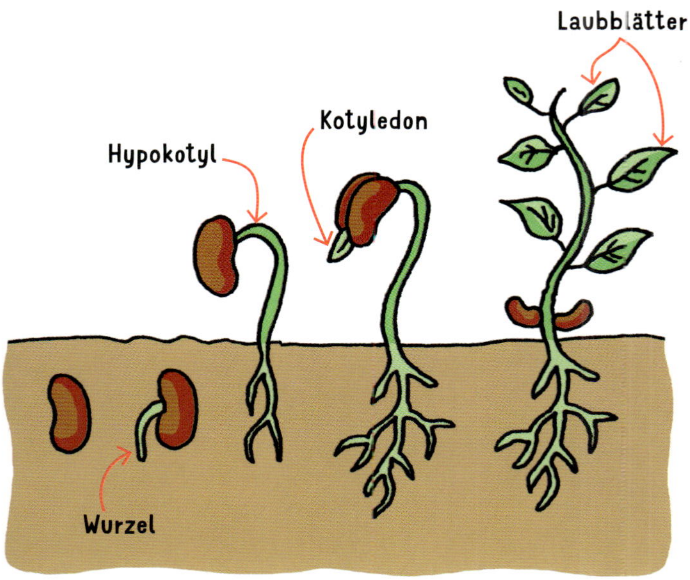

GEH EINEN SCHRITT WEITER

Nachdem deine Bohne das Gewichtheben gemeistert hat, kannst du sie Sit-Ups machen lassen! Nimm den Keimling vorsichtig aus dem Einmachglas heraus (eine Gabel kann dabei hilfreich sein) und setz ihn um in ein größeres, rechteckiges Gefäß. Drück die frische Blumenerde dabei gut fest und gieß sie kräftig. Stell das Gefäß dann auf eine sonnige Fensterbank und zwar auf die Seite gelegt. Halt die Erde feucht und beobachte dann, was über die nächsten Tage passiert. Der Keimling wird nicht anfangen, seitwärts zu wachsen, sondern stattdessen nach oben zum Licht. Dieser Vorgang nennt sich Phototropismus.

ALLES LEBT!

BIOLOGIE

Biologie ist die Lehre der Lebewesen, angefangen bei mikroskopisch kleinen Bakterien, die in uns leben, bis hin zu den riesigen Walen, die in den Weltmeeren umherschwimmen. Menschen, Pflanzen, Tiere, Insekten und Bakterien sind auf den ersten Blick vielleicht ganz unterschiedlich, für Biologen gehören sie aber alle zu demselben besonderen Club. Der Grund dafür ist, dass alle Lebewesen aus Zellen bestehen, den Grundbausteinen des Lebens.

Angefangen bei diesen Grundbausteinen untersuchen Biologen, wie das Leben funktioniert, wie sich Lebewesen vermehren, warum sie krank werden und wie sie wachsen. Mit den Projekten auf den nächsten Seiten kannst du diese Welt selbst begutachten. Behandle deine kleinen Gäste mit Respekt. Immerhin habt ihr ja einige Gemeinsamkeiten.

Bau einen KRABBELTIER-SAUGER

Mit diesem einfachen Gerät kannst du ganz leicht Insekten fangen.

Wissenschaftler fangen Insekten zum Untersuchen mit einem Absaugegerät ein, das man auch Pooter oder Aspirator nennt und das mit dem Mund betrieben wird. Bau dir deine eigene Version aus einem Einmachglas und benutze es, um damit Ameisen (und andere kleine Insekten) zu sammeln und sie dann von Nahem zu beobachten.

MATERIAL

- 500 ml-Einmachglas mit einem zweiteiligen Deckel
- Milch- oder Saftkarton
- Locher oder Lochzange
- 2 Strohhalme zum Knicken
- Klebeband
- Mulltupfer

SO GEHT'S

1. Schneid aus dem Milchkarton in Größe des Glasdeckels (nimm ihn als Schablone) einen Kreis aus und mach in die Mitte zwei Löcher mit einem Abstand von ca. 3 Zentimeter zu einander.
2. Schieb die kurzen Enden der knickbaren Strohhalme durch die Löcher. Kleb ein Stückchen eines Mulltupfers an das Ende von einem der Strohhalme.

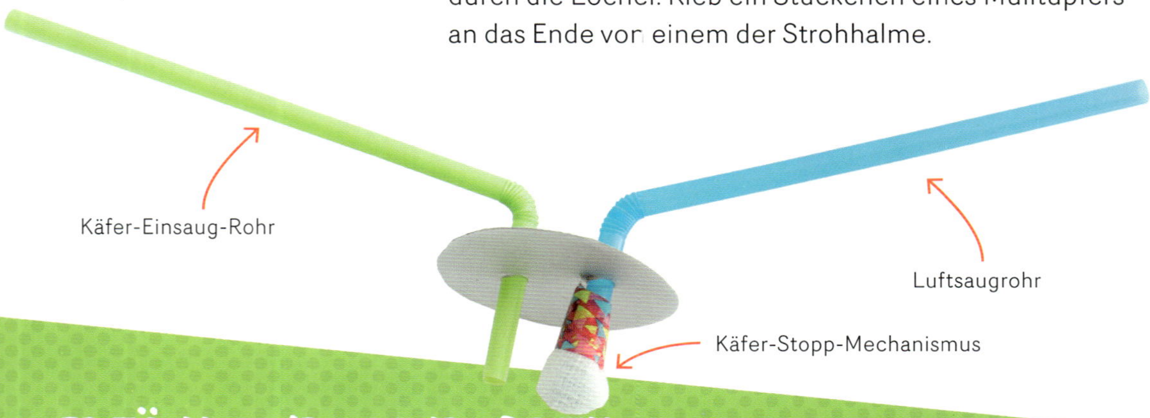

ERZÄHL MIR MEHR DAZU

Ameisen waren die ersten Bauern der Erde. Seit vielen Millionen Jahren legen bestimmte Arten im Untergrund Gärten an, wo sie ihre Lieblingspilze als Nahrung anbauen. Sie kümmern sich um ihre angebauten Pflanzen, versorgen sie mit Wasser und entfernen sogar andere Pilze, die sie nicht haben wollen.

3 Setz den Karton-Kreis auf das Glas und schraube den Ring des Deckels darüber, damit nichts verrutscht.

4 Um deinen Aspirator einzusetzen, platzierst du das Ende des Strohhalms ohne Mulltupfer in der Nähe von einem kleinen Insekt. Nimm das Ende des Strohhalms mit Mulltupfer in den Mund und saug vorsichtig daran. Schwups ist das Tier im Glas.

Geh einen Schritt weiter

Fang ein paar Ameisen mit deinem Krabbeltier-Sauger und benutz dann eine Lupe, um diese bemerkenswerten Insekten von Nahem zu beobachten. Öffne das Glas und gib ihnen ein paar Tropfen Zuckerwasser oder Sirup zum Fressen, oder probier aus, ihnen ein wenig Vogelfutter zu geben. Wenn du fertig bist mit Beobachten, bring die Tiere dorthin zurück wo du sie gefunden hast.

WISSENSCHAFT IM ECHTEN LEBEN

Ein Entwurf für ein mundbetriebenes Saug-Gerät ganz ähnlich wie dieses hier wurde zum ersten Mal im Jahr 1929 in einem Wissenschaftsmagazin beschrieben und stammte von dem amerikanischen Entomologe (das ist ein Insektenforscher) Frederick William Poos (1891–1987), der es zum Fangen von Zikaden entwickelt hatte. Das Gerät von Poos war nicht der erste Insekten-Sauger, aber sein Entwurf hat sich bewährt, zusammen mit einem Spitznamen, der an seinen Erfinder erinnert: Entomologen nennen es „Pooter“.

KOLIBRI-FUTTER-SPENDER

Lock diese winzigen Besucher mit einer blumigen, süßen Leckerei an.

Die Natur mag im Fernsehen echt toll aussehen, aber das ist nichts im Vergleich dazu, ein Tier ganz nah mit deinen eigenen Augen zu betrachten. Mit diesem einfachen Futterspender kannst du genau das erreichen. Du lockst damit Kolibris und andere zuckerliebende Insekten wie Schmetterlinge an.

Mit der richtigen Strategie, Geduld und etwas Glück kannst du diese winzigen Kreaturen dazu bringen, in deinem Garten zu verweilen. Fang damit an, ihnen eine Lieblingsspeise anzubieten: Zuckerwasser, serviert in einem Einmachglas-Futterspender, verziert mit einigen unechten Blumen, um sie anzulocken. Halt dann die Augen offen (und die Ohren gespitzt!).

MATERIAL

FÜR DEN FUTTERSPENDER

250 ml-Einmachglas mit zweiteiligem Deckel

Plastikdeckel von einem Joghurtbecher oder einer Frischkäseschale, am besten in Rot

Lochzange

5 bis 10 rote Plastikblumen

Gummiband

biegsamer Draht, ungefähr 60 cm lang

FÜR DEN SIRUP

500 ml-Einmachglas mit zweiteiligem Deckel

50 g Rohrzucker (benutz keinen braunen Zucker, Honig oder anderen Süßstoff, weil sie für Kolibris nicht gesund sind)

230 ml Wasser

SICHERHEIT GEHT VOR: Lass dir mit der Mikrowelle von einem Erwachsenen helfen und verwend für die heißen Gläser Topflappen.

SO GEHT'S

1 Schneid aus dem Plastikdeckel einen Kreis in der Größe des inneren Teils des Glasdeckels und mach mit der Lochzange drei Löcher in den Plastikkreis. Leg ihn in den Außenring des Glasdeckels.

2 Wickle den Draht um den Hals des Einmachglases, unter den Rillen des Schraubgewindes, und verdreh in gut, damit er als Aufhänger dienen kann.

3 Leg das Gummiband fest um den oberen Glasrand. Kürz die Blumen auf 3 Zentimeter Länge und steck sie unter das Gummiband rund um die Öffnung des Glases.

4 Stell den Sirup her: Vermisch dazu alle Zutaten in dem Einmachglas und stell es für etwa 2 Minuten in die Mikrowelle. Benutz Topflappen, um den heißen Sirup vorsichtig herauszunehmen und lass ihn abkühlen.

5 Füll den Futterspender ca. zur Hälfte und häng ihn leicht schräg an eine Stange oder einen Ast, im Schatten in der Nähe von anderen roten Blumen und mindestens 120 Zentimeter über den Boden.

HIER GEHT'S WEITER →

Was gibt es zu sehen?

Kolibris werden von bunten Farben angelockt, besonders von Rot. Sobald sie wissen, dass es in der Nähe einen Futterspender gibt, kommen sie häufig für eine Mahlzeit vorbei und werden sich auch im nächsten Jahr noch an eine gute Futterquelle erinnern.

Leider lockt der süße Sirup auch Bienen und andere Insekten an. Überprüf den Futterspender deshalb alle 4 bis 5 Tage, reinige ihn gründlich mit Spülmittel und füll ihn neu auf (bei heißem Wetter noch häufiger).

ERZÄHL MIR MEHR DAZU

Du kannst es höchstens dann sehen, wenn du eine Kamera mit Zeitlupenfunktion hast, aber Kolibris bewegen ihre Flügel in der Form einer 8 und das fast 80-mal pro Sekunde! So können sie mitten in der Luft schweben und Nahrung aufnehmen und auf diese Weise entsteht auch das unverwechselbare Summen, das sie beim Fliegen machen.

INSEKTEN-CONTAINER

VERWANDLE GLÄSER IN EIN KURZZEIT-ZUHAUSE FÜR WÜRMER & INSEKTEN

Du glaubst vielleicht nicht, dass Insekten eindrucksvolle Haustiere sein könnten. Sobald du etwas Zeit damit verbringst, sie zu beobachten, änderst du möglicherweise deine Meinung. Regenwürmer sind wie Verwertungsmaschinen, die vermodernde Blätter in reichhaltige Gartenerde umwandeln. Grillen sind Musiker, deren Zirpen dir verraten kann, wie warm es ist. Raupen verwandeln sich selbst wie Superhelden in Motten und Schmetterlinge.

Lerne jedes dieser Krabbeltiere mithilfe eines besonderen Insekten-Containers aus einem Einmachglas besser kennen. Jedes dieser Einmachglas-Observatorien passt vielleicht sehr gut zu seinem Insekten-Gast, es ist aber trotzdem nur ein vorübergehendes Zuhause. Denk also daran, deine Insekten wieder frei zu lassen, wenn du fertig bist.

Wurm-KOMPOSTER

MATERIAL

- 1 l-Einmachglas mit großer Öffnung und zweiteiligem Deckel
- 350 ml-Einmachglas, Aluminium-Dose oder anderes schmales Gefäß, das in das 1 l-Glas passt
- Gartenerde
- lockere, sandige Erde
- festes Papier und Reißzwecken
- Bastelpapier und Klebeband
- in Stückchen geschnittene Gemüseabfälle als Nahrung
- Wasser

SO GEHT'S

1 Stell den kleineren Behälter kopfüber in das große Glas. Dadurch bewegen sich die Würmer nahe am Glas und du kannst sie gut beobachten.

2 Füll das Glas 2–3 Zentimeter mit Gartenerde und feuchte sie etwas an.

3 Streu eine dünne Schicht aus sandiger Erde darauf, dann wiederhole Schritt 2 und 3 solange bis das Glas fast voll ist. Ende mit einer Schicht Gartenerde. Anhand der dünnen Schichten aus heller, sandiger Erde wirst du gut sehen können, wie die Würmer beim Tunnelgraben die Erdschichten mischen.

4 Schneid einen Kreis in der Größe des inneren Deckels aus Papier aus und pieks mit den Reißzwecken ein paar Löcher hinein. Leg den Kreis in den äußeren Ring des Deckels.

5 Sammle deine Regenwürmer. Dazu kannst du in einem Blumenbeet im Garten oder in deinem Komposthaufen nach ihnen graben.

6 Setz etwa sechs Würmer im Glas aus und leg ein paar in Stücke geschnittene Gemüsereste oben auf die Erde, damit sie etwas zum Essen haben. Schraub dann den Deckel auf das Glas.

7 Wickle das Bastelpapier um das Glas herum und kleb es mit dem Klebeband fest. So sind die Würmer im Dunkeln, genau wie sie es am liebsten mögen. Stell das Glas an einen kühlen Ort und nicht in die Sonne (wenn du einen Keller hast, ist das der beste Ort).

8 Tröpfle alle paar Tage ein wenig Wasser auf die Oberfläche, damit alles schön feucht bleibt. Nach einigen Tagen kannst du sehen, was die Würmer bis dahin angestellt haben.

Was gibt es zu sehen?

Regenwürmer spielen eine sehr wichtige Rolle im Ökosystem des Erdbodens. Sie nehmen an der Oberfläche Nahrung auf, bringen sie mit sich in den Boden und scheiden sie dort als kleine Häufchen wieder aus, wodurch sie den Erdboden für Pflanzen schön fruchtbar machen. Indem sie sich durch die Erde graben, vermischen sie die Erdschichten und bringen Luft und Wasser hinein, was den Pflanzen beim Atmen hilft.

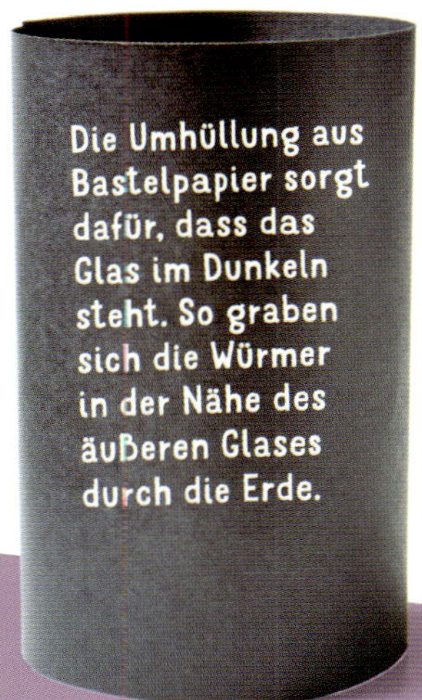

ERZÄHL MIR MEHR DAZU

In Australien gibt es einen sogenannten Riesen Gippsland Wurm (Megascolides australis), diese können bis zu 3 Meter lang werden! Sie sind eine seltene und geschützte Art, die eigentlich tief im Untergrund lebt. Wenn es sehr stark regnet, müssen sie aber auch manchmal an die Oberfläche kommen.

Grillen-KONZERTSAAL

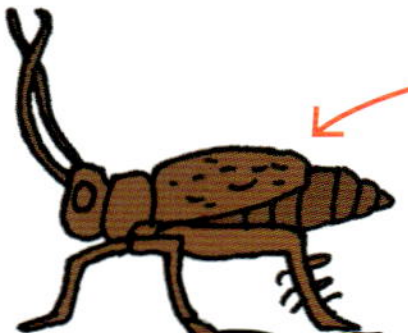

Nur männliche Grillen zirpen. Sie erzeugen dieses Geräusch, indem sie ihre Flügel aneinander reiben.

MATERIAL

- 1 l-Einmachglas (oder größer) mit großer Öffnung und zweiteiligem Deckel
- festes Papier und eine Reißzwecke
- Schere
- Sand oder Erde, Blätter, Stöckchen, Steine und ein Stück Eierkarton aus Pappe
- Pinzette, dünne Pappe
- Deckel von einem Getränkekarton und Wattebausch (für Wasser)
- verschiedene Lebensmittelreste (Müsli, Salat, Obst, Vogelfutter)
- Wasser, kleines Glas oder Plastikbecher

SO GEHT'S

1. Schneid einen Kreis aus festem Papier in der Größe des inneren Teils des Deckels – verwende ihn als Schablone – aus und bohr mit der Reißzwecke viele kleine Löcher hinein. Leg den Kreis in den Schraubring.

2. Füll eine Schicht aus feuchtem Sand oder Erde in das Glas und füg mit der Pinzette Blätter, Steine, Stöckchen und ein Stück Eierkarton zum darunter verstecken hinzu.

3. Als Wasserspender weich einen Wattebausch in Wasser ein und leg ihn in einen Getränkekarton-Deckel in das Glas.

4 Finde deine Grille! Schau nach der gewöhnlichen schwarzen Feldgrille (Wissenschaftler nennen sie *Gryllus Assimilis*), die du draußen unter Steinen oder Ästen finden kannst, oder an Orten mit viel Gras.

Benutz ein Glas oder einen kleinen Plastikbecher, um sie zu fangen: Stülp das Gefäß schnell über die Grille und schieb dann die dünne Pappe darunter, um sie im Gefäß einzuschließen. Eine andere häufig vorkommende Art ist das braune Heimchen (Acheta Domesticus), das du in Zoohandlungen kaufen kannst (dort werden sie als Futter für Eidechsen und Schlangen verkauft).

Was gibt es zu sehen?

Eine Grille frisst so gut wie alles. Probier aus, ihr kleine Stückchen Obst oder Gemüse zu geben, halt den Wattebausch als Wasserquelle feucht und mach ihr Zuhause alle 2 bis 3 Tage sauber.

Halt nie zwei Männchen im gleichen Glas, sie bekämpfen sich bis zum Tode. Weibchen haben einen langen, spitzen „Schwanz" (Ovipositor/Legeröhre) zum Eierlegen. Stell dein Glas an einen kühlen, schattigen Ort.

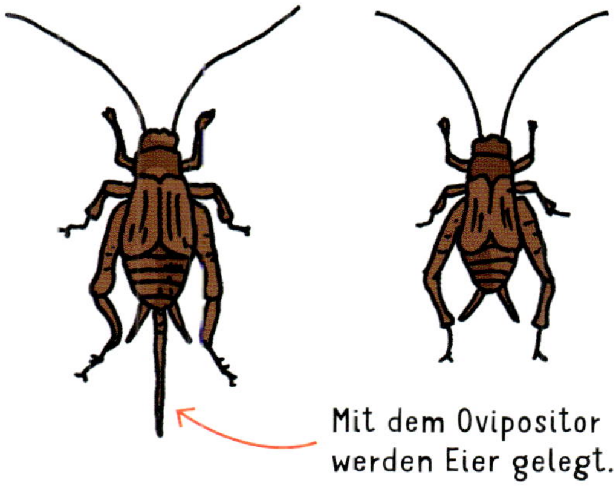

ERZÄHL MIR MEHR DAZU

Seit vielen Jahrhunderten werden Grillen in China und Japan als Haustiere hoch geschätzt. Sie zirpen schneller, wenn es wärmer ist. Deshalb lautet eine alte Weisheit, dass man die Temperatur (in Fahrenheit) schätzen kann, indem man zählt, wie oft eine Grille innerhalb von 14 Sekunden zirpt und dann plus 40 rechnet. Wenn du also zum Beispiel 35 Zirper in 14 Sekunden gezählt hast, dann wäre die Temperatur 75 °F (das sind ca. 24 ° Celsius).

Ein chinesisches Grillenglas aus Porzellan aus dem Jahr 1840.

Raupen-RESTAURANT

MATERIAL

- 1 l-Einmachglas (oder größer) mit zweiteiligem Deckel
- festes Papier und eine Reißzwecke
- Schere
- Küchentücher
- Stöckchen oder Zweige
- Blätter von der Pflanze, auf der du die Raupe gefunden hast

SO GEHT'S

1 Schneid einen Kreis aus festem Papier in der Größe des inneren Teils des Deckels – den du als Schablone verwendest – aus und bohre mit der Reißzwecke viele kleine Löcher hinein. Leg den Kreis in den Schraubring.

2 Mach ein Küchentuch feucht und leg es auf den Boden des Glases, damit deine Raupengäste eine feuchte Umgebung haben. Füg Blätter oder andere Naturmaterialien hinzu und bedeck damit das Küchentuch.

Die haarigen Raupen mit den braunen und schwarzen Streifen werden auch gebänderte Wollbären (Pyrrharctia Isabella) genannt und sind die Larven einer Bärenspinner-Motte. Sie sind in den USA heimisch, wo man sie vor allem im Herbst sehen kann, wenn sie auf der Suche nach einem Platz zum Überwintern umherfliegen.

3 Finde deine Raupe! Wenn deine Familie oder ein Nachbar einen Garten hat, kannst du fragen, ob du auf den Pflanzen nach Raupen suchen darfst.

4 Wenn du eine Raupe findest, dann solltest du sie zusammen mit dem Blatt, auf dem sie sitzt, mitnehmen, weil es das ist, was sie zum Fressen braucht. Leg das Blatt zusammen mit der Raupe in das Glas und schraub den Deckel darauf.

Was gibt es zu sehen?

Raupen sind die Larven von Schmetterlingen und Motten und fressen meistens ganz bestimmte Pflanzen. Hast du vor, deine Raupe für eine Weile zu behalten, dann musst du ihr mehr Blätter von der Pflanze geben, auf der du sie gefunden hast. Irgendwann hört die Raupe auf zu fressen, krallt sich an einem Zweig fest (oder fällt auf den Boden) und verpuppt sich. Nach einer Weile reißt die Puppe auf und ein neuer Schmetterling oder eine Motte kommt heraus. Dieser Vorgang nennt sich Metamorphose.

ERZÄHL MIR MEHR DAZU

Die Raupen des Monarchfalters ernähren sich ausschließlich von Seidenpflanzen (Unkraut). Im Herbst fliegen sie tausende von Kilometern in ein wärmeres Klima!

Monarchfalter im Osten der USA fliegen die ganze Strecke bis nach Mexiko. Monarchfalter im Westen der USA fliegen nach Kalifornien, wo sie die Bäume mit ihren auffallenden, orange-schwarzen Flügeln in bunte Kunstwerke verwandeln.

Das unglaubliche (UNGENIEßBARE) EI

Verwandle ein Ei in einen gummiartigen Klumpen, der schrumpft und sich ausdehnt.

Wenn du die Schale eines Eis mit Essig auflöst, bleibt ein Klumpen übrig. Du kannst ihn in verschiedene andere Flüssigkeiten einlegen, wodurch du ihn zum Wachsen und Schrumpfen bringst, und erlebst so ganz nah, wie Osmose funktioniert. Dein Körper benutzt genau denselben Prozess, um Wasser dorthin zu transportieren, wo es am meisten benötigt wird.

MATERIAL

500 ml-Einmachglas mit großer Öffnung

1 rohes Ei

360 ml Essig

SO GEHT'S

1. Leg das Ei vorsichtig in das Glas und füll den Essig dazu. Lass das Glas offen, damit Gase entweichen können.
2. Beobachte, was sich in den nächsten Tagen verändert.

Was gibt es zu sehen?

Die Oberfläche der Eierschale sollte bald mit Bläschen bedeckt sein. Am nächsten Tag sollte die Schale anfangen, sich aufzulösen. Wenn die Eierschale nach ein paar Tagen zum größten Teil aufgelöst ist, dann wasch die verbleibenden Schalenstückchen vorsichtig ab. Lässt sie sich nicht entfernen, dann leg das Ei noch einmal für ein paar Tage in Essig ein. Drück das Ei nicht zu fest und iss es auf keinen Fall!

Was passiert da?

Essig enthält Säure, genauer gesagt Essigsäure. Eierschalen (und auch Muscheln) bestehen aus Kalziumkarbonat. Wenn beide aufeinander treffen, kommt es zur Reaktion. Während die Eierschale sich auflöst, entsteht Kohlenstoffdioxid. Das Ei dehnt sich aus, wenn Wasser durch seine innere, gummiartige Haut, auch Membran genannt, dringt. Genauer gesagt ist es eine halbdurchlässige Membran, was bedeutet, dass Wasser hindurchdringen kann, andere Stoffe aber nicht, so wie ein Fliegengitter, das Luft durchlässt und Käfer draußen hält. Ähnliche Membranen kommen auch in unseren Zellen und an anderen Stellen in unseren Körpern vor, weshalb sie für Biologen so faszinierend sind.

GEH EINEN SCHRITT WEITER

Weich dein schalenloses Ei über Nacht in einem Glas Wasser ein und schau wie es noch mehr aufquillt. Leg dein Ei in ein Glas voll dickflüssigem Sirup und sieh zu, wie es nach und nach zu einem knittrigen Säckchen zusammenschrumpft. Beides passiert, weil die halbdurchlässige Membran ermöglicht, dass Wasser von der Seite, auf der mehr Wasser vorhanden ist, auf die andere Seite mit weniger Wasser hindurchdringt.

Wenn du das Ei in reines Wasser legst, lässt die Membran Wasser in das Ei dringen (wo weniger Wasser vorhanden ist) und das Ei dehnt sich aus.

Eingelegt in Sirup (der wenig Wasser enthält) fließt das Wasser wieder in die andere Richtung, wodurch das Ei schrumpft. Dieser Vorgang nennt sich Osmose und Lebewesen bauen darauf, um Wasser in Zellen hinein und aus ihnen heraus leiten zu können.

ESSIGGURKEN-FABRIK

Schau zu, wie gute Bakterien frische Gurken in Essiggurken verwandeln.

Du isst gerne Essiggurken? Hier handelt es sich aber nicht um die selben wie im Supermarkt-Regal, sondern um ganz besondere Exemplare, lebende Exemplare. Sie bekommen ihren Geschmack von Millionen guter Bakterien und je nach Temperatur kann der Prozess zwischen ein paar Tagen und einer Woche lang dauern.

Und das Beste hieran: Sie sind nicht nur essbar, sondern auch noch gesund. So mögen wir unsere Experimente am liebsten!

MATERIAL

- 1 l-Einmachglas
- 2 l-Einmachglas (oder größer) mit Deckel
- 500 ml- oder 250 ml-Einmachglas (schmal genug, um durch die Öffnung des größten Glases zu passen)
- kleine Einlegegurken (ungefähr 400 g oder so viele, um das Glas zu füllen)
- 2 Esslöffel Salz
- 1 l Wasser
- Holzlöffel
- 8 oder mehr Knoblauchzehen, in Stückchen geschnitten
- 2 oder 3 Dillspitzen*
- 10 ganze Pfefferkörner

**Das sind die verzweigten Samenstände der Dillpflanze. Wenn du keine finden kannst, dann nimm stattdessen 1 Esslöffel frisch gehacktes Dillkraut und 1 Esslöffel getrocknete Dillsamen.*

SO GEHT'S

1 Wasch die Gurken mit Wasser ab. Schrubb das Blütenende (das, mit dem die Gurke nicht mit der Pflanze verbunden war) gut ab, um alle Blütenreste zu entfernen, weil die Essiggurken dadurch matschig werden können.

2 Füll das 1 l-Glas mit Wasser und lös das Salz darin auf. Diese Salzlösung wird Pökellake genannt. Du brauchst vielleicht nicht alles davon, aber verändere die Menge an Salz und Wasser trotzdem nicht, weil das Verhältnis sehr wichtig ist.

3 Leg die Knoblauchstücke, den Dill und die Pfefferkörner auf den Boden des 2 l-Glases. Füg die Gurken hinzu.

4 Füll das Glas mit der Pökellake, bis noch gut 2 Zentimeter bis zum oberen Glasrand Platz sind.

5 Schieb das kleinere Glas in die Öffnung des großen Glases und drück damit die Gurken unter die Oberfläche der Lake. Deine Gurken müssen immer komplett unter Wasser sein.

6 Stell das Glas auf einen Teller (falls etwas verschüttet wird) an einen kühlen Ort (21–24 °C sind perfekt), wo kein Sonnenlicht hinkommt. Deck deine Gläser mit einem Geschirrtuch ab, um Insekten und Staub fern zu halten.

HIER GEHT'S WEITER →

Was gibt es zu sehen?

Beobachte deine Essiggurken und schau, ob sich ihre Farbe oder die Farbe der Lake verändert. Wonach riecht es?

Nach etwa drei Tagen kannst du eine Gurke probieren.

Wenn sie sauer genug sind, verschließ das Glas und stell es kühl. Du magst es saurer? Dann lass das Glas noch ein paar Tage draußen stehen und weiter pökeln.

Was passiert da?

Der Prozess, den du beobachtet hast, nennt sich Fermentierung. Mikroskopisch kleine Bakterien auf der Oberfläche der Gurken, zum größten Teil eine Art namens Laktobazillen oder Milchsäurebakterien, haben hart gearbeitet, um den Zucker in der Gurken in Milchsäure, Alkohol und das Gas Kohlendioxid zu verwandeln. Die Blasen, die entstehen, sind das Kohlendioxid, und die Säure ist die Milchsäure.

Das Salz in der Lake gibt den guten Milchsäurebakterien eine geeignete Umgebung, um zu gedeihen, während es anderen, schlechten Bakterien, die die Gurken verderben lassen würden, das Leben schwer macht. Deshalb ist die Menge an Salz in deiner Lake so wichtig. Du erkennst, dass etwas nicht stimmt, wenn deine Essiggurken anfangen, nach Hefe zu riechen oder pink werden. Wenn das passiert, dann wirf sie weg.

Das Salz macht die Gurken außerdem hart und knackig, weil es das Wasser durch Osmose aus ihnen herauszieht (mehr dazu auf Seite 98).

Achtung: Behalt die Zimmertemperatur im Auge. Wenn sie deutlich höher als 24°C ist, dann fühlen sich die Laktobazillen nicht wohl und andere Bakterien übernehmen eventuell die Herrschaft.

ERZÄHL MIR MEHR DAZU

Fermentierung ist eine der ältesten Methoden, mit denen Menschen Lebensmittel haltbar machen. Vor der Erfindung des Kühlschranks konnten die Leute so Lebensmittel als Vorrat für den Winter oder für Zeiten mit wenig Essen aufheben. Vor bereits 2000 Jahren haben die Menschen, die die Chinesische Mauer gebaut haben, fermentierten Kohl gegessen!

HEFE-BALLON

Bring ein paar Milliarden Kreaturen dazu, einen Luftballon aufzublasen.

Du weißt vermutlich, dass Hefe das ist, was Brot zum Aufgehen bringt. Eine Packung Hefe ist nicht nur ein Ding. Es ist eine Milliarde Dinge – lebende Dinge. Sobald diese einzelligen Wesen in Kontakt mit warmer Flüssigkeit und Zucker kommen, erwachen sie zum Leben, verdauen Zucker und geben gasförmiges Kohlendioxid ab. Das Gas bildet die Bläschen im Brotteig und lässt das Brot aufgehen. Du kannst dasselbe Gas dazu verwenden, um einen Luftballon aufzublasen.

MATERIAL

- 500 ml-Einmachglas
- Luftballon
- Ausgießer (siehe dazu Seite 105)
- 230 ml lauwarmes Leitungswasser
- Löffel voll Zucker oder Honig
- Trockenhefe (1 Päckchen)

SO GEHT'S

1. Blas den Luftballon einmal auf, damit er gedehnt wird, und lass die Luft dann wieder ab. Stülp den Hals des gedehnten Ballons über den Ausgießer.
2. Füll das lauwarme Leitungswasser in das Glas und gib dann den Löffel voll Zucker oder Honig hinzu. Teste die Temperatur, indem du deine Finger hineintauchst – es sollte sich weder heiß noch kalt anfühlen.
3. Streu die Hefe auf das Wasser und rühr alles gut um.
4. Schraub den Deckel mit Ausgießer und Ballon gut auf das Glas und beobachte, was in den nächsten 10 Minuten passiert.

HIER GEHT'S WEITER →

Was gibt es zu sehen?

Wenn die Hefe in den nächsten Minuten nicht anfängt zu blubbern, dann war das Wasser eventuell zu heiß oder zu kalt, oder die Hefe ist zu alt. Wenn die Hefe Bläschen produziert, der Ballon sich aber nicht aufbläst, dann ist das Glas vielleicht nicht dicht verschlossen. Dreh den Deckel noch einmal richtig fest.

Was passiert da?

Hefe besteht eigentlich aus einzelligen Pilzen, die man überall finden kann: In der Luft, auf Obst und Gemüse, und sogar auf uns Menschen. Backhefe ist eine besondere Art, die sobald sie warmes Wasser und Zucker bekommt, anfängt zu wachsen. Diesen Vorgang nennt man Fermentierung und er wird auch zur Herstellung von Essiggurken (siehe Seite 100), Bier und Wein verwendet. Nach einer Weile sollte die Hefe genug Gas produziert haben, um den Ballon leicht aufzublasen.

WISSENSCHAFT IM ECHTEN LEBEN

Bäcker kneten Brotteig, um ihn geschmeidig und elastisch zu machen. So kann der Teig die Gasbläschen, die die Hefe abgibt, besser in sich behalten, wenn das Brot gebacken wird. Das ist so, als würde jedes Brot hunderte kleine Ballons enthalten!

Geh einen Schritt weiter

Benutz deinen Gas-Auffang-Behälter, um eine Reaktion zu beobachten, bei der noch mehr Kohlendioxid produziert wird: mit Natrium und Essig. (Achtung! Starke Reaktion mit Spritzgefahr).

Nimm den Deckel mit dem bereits darauf befestigten Ballon und füll vorsichtig ungefähr 2 Esslöffel voll Natron durch den Ausgießer in den Ballon. Füg etwa 120 ml klaren Essig in das Glas. Drück den Hals des Ballons zusammen, damit das Natron nicht herausrieseln kann und schraub dann den Deckel ganz fest auf das Glas. Sobald alles fest geschraubt ist, kannst du den Ballon loslassen und ihn anheben, damit das Natron in den Essig fallen kann. Schau gut zu, was passiert!

ERZÄHL MIR MEHR DAZU

Jedes Päckchen Hefe enthält 140.000.000.000 (das sind 140 Milliarden!) Hefezellen. Der wissenschaftliche Name für Backhefe lautet *Saccharomyces cerevisiae*, was so viel heißt wie „Zucker fressender Pilz“.

AUSGIEẞER

Verwende einen Getränkekarton mit Plastik-Ausgießer für diesen praktischen Deckel.

SICHERHEIT GEHT VOR: Pass auf: Die Deckel haben manchmal scharfe Spitzen, mit denen das Siegel der Tüte durchgeschnitten wird.

1 Spül den Karton gut aus und schneid die Unterseite ab.

2 Drück die Nähte auseinander, schneid daran entlang und drück den Karton platt.

3 Benutz den äußeren Ring eines Deckels als Vorlage, um den Ausgießer kreisförmig auszuschneiden.

4 Schneid den Kreis aus und leg ihn dann in den Ring des Deckels.

5 Schraub den Ausgießer gut auf ein Glas fest.

MASSE IN BEWEGUNG VERSTEHEN

PHYSIK

Alles im Universum ist in Bewegung. Manche Dinge bewegen sich zu langsam, um überhaupt von uns bemerkt zu werden (zum Beispiel die Bewegung der Erdkontinente), andere zu schnell, um von uns gesehen zu werden (wie der Lichtstrahl einer Lampe). Alle sich bewegenden Dinge folgen dabei aber bestimmten Regeln und werden von Naturkräften beeinflusst, beispielsweise von der Schwerkraft. Der Bereich der Wissenschaft, der uns verstehen hilft, wie all diese Dinge in Bewegung aufeinander wirken, heißt Physik.

Wissenschaftler nutzten die Physik bereits, um zu entschlüsseln, wie sich die Planeten bewegen oder wie das Universum entstanden ist, aber auch wie Hitze, Licht und Elektrizität funktioniert. Du kannst die Gesetze der Physik bei den folgenden Experimenten in Aktion erleben und dabei Dinge auf überraschende Weise in Bewegung bringen.

Wandernde
WASSER-FARBEN

Lass gefärbtes Wasser von Glas zu Glas wandern.

Wissenschaft wirkt manchmal wie Magie, was bei diesem Experiment nicht anders ist. Wie kann Wasser nach oben und über den Rand eines Glases fließen? Was ist dabei mit der Schwerkraft los? Die Antwort darauf ist der Kapillareffekt, den du schon einmal am eigenen Körper erfahren hast, als du in eine tiefe Pfütze getreten bist und danach gespürt hast, wie sich das Wasser langsam dein Hosenbein hinauf ausgebreitet hat. Hier bewegen dieselben Kräfte das gefärbte Wasser von einem Glas ins nächste.

MATERIAL

- 7 250 ml-Einmachgläser
- Lebensmittelfarbe
- Wasser
- Küchentücher

SO GEHT'S

1. Füll vier Gläser mit Wasser. Färb mit der Lebensmittelfarbe zwei davon rot, eines blau und eines gelb. Wir haben für jedes davon 10 Tropfen Farbe genommen.
2. Ordne die Gläser in dieser Reihenfolge an: Rot, leer, blau, leer, gelb, leer, rot.
3. Roll 6 Küchentücher zu Rollen zusammen und falte sie in der Mitte. Tauch jeweils ein Ende einer Küchentuch-Rolle in eines der Gläser, so wie abgebildet.

Was gibt es zu sehen?

Das Wasser wandert langsam die Rollen hinauf und in die leeren Gläser. Beobachte genau, was passiert, wenn die Farben anfangen, sich zu mischen. Was geschieht mit der Wassermenge in jedem Glas?

Was passiert da?

Der Kapillareffekt sorgt dafür, dass das Wasser entlang der Tücher hinauf steigt. Wasser hält sich gerne an Dingen fest, diese Kraft nennt man Adhäsion oder Haftung. Es will sich auch an sich selbst festhalten, diese Kraft nennt man Kohäsion.

Diese Kräfte bringen Wasser dazu, in enge Räume zu fließen (zum Beispiel die winzigen Lufttaschen in einem Küchentuch) und sind so stark, dass sie für kurze Strecken die Schwerkraft überwinden können. Sobald das Wasser den obersten Punkt des Küchentuchs erreicht hat, übernimmt die Schwerkraft wieder das Sagen und lässt das Wasser auf der anderen Seite nach unten fließen, bis das Wasser in allen Gläsern gleich hoch steht.

SPRICH wie ein WISSENSCHAFTLER

Rot, Blau und Gelb werden Primärfarben genannt, weil du durch sorgsames Mischen dieser drei alle anderen Farben erzeugen kannst. Auf diese Weise kann der Drucker von deinem Computer jede Farbe aus nur drei Tinten drucken (bei Tinte wird Blau Cyan genannt, Rot ist Magenta). Probier verschiedene Füllmengen und Farben bei deine Gläsern aus, und schau, welche neuen Farben du herausbekommst!

TURM DER FLÜSSIGKEITEN

Erschaff einen Regenbogen aus flüssigen Schichten.

Fast jeder kann aus Bauklötzen einen Turm bauen, aber es braucht einen Wissenschaftler, um einen Turm aus Flüssigkeiten herzustellen. Hier spielt Dichte eine wichtige Rolle.

MATERIAL

500 ml-Einmachglas (oder größer), am besten mit glatten Seiten

Mehrere kleinere Gläser oder Behälter für die Flüssigkeiten

Löffel oder kleiner Teigschaber

Bratenspritze, Plastik-Spritze oder große Pipette

Flüssigkeiten (in Reihenfolge ihrer Dichte*):
- Honig
- Dünner Sirup
- Milch
- Spülmittel
- Wasser, gefärbt mit Lebensmittelfarbe
- Pflanzenöl

Kleine Objekte zum Schwimmen auf den Schichten, zum Beispiel:
- Kleine Schraube oder kleiner Bolzen
- Weintraube
- Tischtennisball
- Kleiner Gummiball
- Große Büroklammer
- Kleine Spielzeuge

**Du brauchst nicht alle Flüssigkeiten aus dieser Liste. Du musst dich aber unbedingt an die Reihenfolge von größter zu kleinster Dichte halten.*

SO GEHT'S

1. Füll dieselbe Menge an Flüssigkeit in jedes der kleineren Gläser (außer bei Honig, bei dem es leichter ist, ihn direkt aus seiner Verpackung hinzuzufügen). Wir haben 120 ml für jedes Glas genommen.
2. Füll vorsichtig eine Schicht aus Honig in das große Glas. Achte darauf, dass kein Honig an die Seiten des Glases kommt, damit du später die anderen Schichten besser siehst.
3. Füg den Sirup hinzu, indem du einen Teigschaber oder langstieligen Löffel in das Glas über den Honig hältst, über den du den Sirup gießt. Mit dieser Methode sorgst du dafür, dass der Sirup sanfter auf dem Honig landet und sich die Schichten nicht vermischen.
4. Füg nacheinander die Milch, das Spülmittel, das Wasser und das Öl mithilfe einer Bratenspritze, Plastik-Spritze oder großen Pipette hinzu, immer nur ein bisschen Flüssigkeit auf einmal, damit sich die Schichten nicht vermischen. Spül dein Tropfwerkzeug gut aus, bevor du eine Schicht mit einer neuen Flüssigkeit hinzufügst, damit nichts vermischt wird.

Geh einen Schritt weiter

Such verschiedene kleine Objekte aus unterschiedlichen Materialien zusammen, zum Beispiel eine Metallschraube, einen großen Knopf, eine Weintraube und einen Tischtennisball. Wenn sich deine Schichten stabilisiert haben, kannst du die Objekte vorsichtig eines nach dem anderen in dein Glas fallen lassen und zuschauen, wie jedes Objekt bis in die Schicht sinkt, die eine größere Dichte hat als es selbst.

Was gibt es zu sehen?

Ein paar Schichten können am Anfang so aussehen, als ob sie sich vermischt haben. Mach dir keine Sorgen, nach ein paar Minuten sollten sie sich voneinander trennen und du hast einen Regenbogen aus bunten Flüssigkeiten.

Was passiert da?

Die Schichten des Turms bleiben voneinander getrennt, weil sie in der Reihenfolge ihrer Dichte gestapelt wurden. Dichte ist nicht dasselbe wie Gewicht, hat aber etwas damit zu tun: Sie ergibt sich daraus, wie schwer eine Sache in Abhängigkeit von ihrer Größe ist.

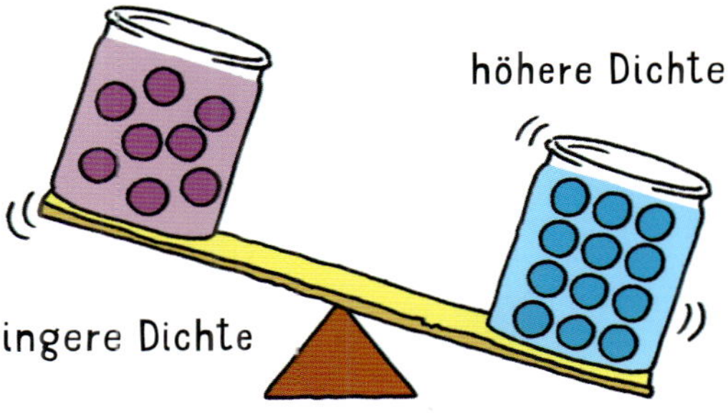

Ballon-
VAKUUM

Demonstrier die Auswirkungen von Temperatur auf Gase.

Hast du schon einmal die Kühlschranktür zugemacht und versucht, sie sofort wieder zu öffnen, die sich dann aber nur schwer wieder aufmachen ließ? Oder hast du schon einmal eine Plastikdose mit Essensresten aufmachen wollen und gemerkt, dass der Deckel ganz fest auf der Dose saß? Hier erfährst du, warum das so ist. Es hat alles etwas mit heißer Luft zu tun.

MATERIAL

- 1 l-Einmachglas
- Luftballon
- heißes Leitungswasser

SO GEHT'S

1. Blas den Luftballon so weit auf, bis er 2–3 Zentimeter breiter ist als die Öffnung deines Glases und knote ihn dann zu.

2. Füll das Glas mit etwas Leitungswasser und erwärm es für eine Minute in der Mikrowelle. Benutz Topflappen, um das Glas wieder herauszunehmen und schütt das heiße Wasser weg.

3. Drück den Ballon ein wenig in das Glas hinein, bis es gut abgedichtet ist. Nach ein paar Sekunden steckt er fest und du kannst in den nächsten 10 Minuten beobachten wie er weiter ins Glas gezogen wird. Versuch ihn nun anzuheben.

Was passiert da?

Hast du schon einmal gesehen, wie ein Heißluftballon startet? Dann weißt du, dass Luft, wenn sie erhitzt wird, aufsteigt und sich ausdehnt. Wenn sich heiße Luft abkühlt, sinkt sie ab und wird kleiner. Die abkühlende, absinkende Luft erzeugt einen Unterdruck im Glas und der höhere Druck in der Umgebung drückt der Ballon dann nach unten (mehr dazu auf Seite 55).

Wenn du die Kühlschranktür öffnest, strömt warme Luft hinein und fängt an sich abzukühlen. Hat die Tür eine gute Dichtung, lässt sie sich schwer öffnen bis der Luftdruck wieder ausgeglichen ist.

WISSENSCHAFT IM ECHTEN LEBEN

Einmachgläser benutzen dasselbe Phänomen, um Lebensmittel haltbar zu machen. In ihren Deckeln findet sich oft eine Gummischicht, die das Glas luftdicht versiegelt und Verunreinigungen draußen hält. Wenn du heiße Lebensmittel oder Flüssigkeiten in die geschlossenen Gläser gibst und sie dann abkühlen lässt, ist der Druck in den Gläsern niedriger als der Luftdruck in der Umgebung, sodass die Deckel auf die Gläser gepresst werden.

Licht-
BRECHER

Erschaff einen Regenbogen und lass Dinge mit einem Glas voll Wasser verschwinden.

Stell einen kleinen Spiegel in ein ganz gewöhnliches Einmachglas und mach eine Linse, die Licht brechen und spalten kann. Genau wie ein Prisma, das aus normalem Sonnenlicht Regenbogenfarben macht. Ein Glas voll Wasser kann außerdem eine Münze verschwinden lassen. Der Trick auch hier: Licht brechen.

MATERIAL

- Einmachglas mit beliebiger Größe, am besten mit glatten Seiten, mit Deckel
- 1 rechteckiger Spiegel, der in das Glas passt (unserer ist ungefähr 6 x 10 cm groß)
- Wasser
- 1 Blatt weißes Papier
- Sonnenlicht (am besten am Morgen oder am Abend)

SO GEHT'S

1. Leg den Spiegel in einem schrägen Winkel in das Glas und füll es bis zur Hälfte des Spiegels mit Wasser.
2. Find einen Ort, wo die Morgen- oder Abendsonne durch ein Fenster scheint. Stell das Glas auf den Boden in das Sonnenlicht, sodass der Spiegel die Strahlen zurück zum Fenster spiegelt. (Tipp: Wenn du keinen Ort mit Sonnenlicht hast, kannst du es stattdessen mit einer Taschenlampe in einem dunklen Zimmer versuchen.)

3 Halt das Blatt Papier so, dass der reflektierte Lichtstrahl darauf fällt. Beweg das Papier weiter weg, sodass die Reflektion größer wird. Schau dir die Farben am Rand des reflektierten Lichts genau an.

Was gibt es zu sehen?

Vielleicht musst du die Position von deinem Glas oder vom Blatt Papier noch etwas anpassen. Ist der Lichtstrahl hell genug, dann sollte das Gerät einen schmalen Streifen aus Farben auf dem Papier spiegeln. Wenn du das Papier weiter weg vom Glas bewegst, wird der Streifen größer und die Farben des Regenbogens werden besser sichtbar.

Was passiert da?

Ein Sonnenstrahl besteht aus vielen Farben mit unterschiedlichen Wellenlängen. Wenn sich das Licht durch das Glas mit Wasser hinein bewegt, bricht es (Refraktion). Die Wellenlängen brechen in unterschiedliche Winkel und fächern sich in verschiedene Farben auseinander (Dispersion). Der Spiegel verstärkt den Effekt.

GEH EINEN SCHRITT WEITER

Füll ein Glas mit Wasser, verschließ es und stell es auf eine Münze. Huch! Du kannst sie seitlich durchs Glas nicht mehr sehen. Öffne das Glas und schau von oben und da ist sie wieder.

Der Grund hat wieder mit der Refraktion zu tun. Das Wasser im Glas bricht deinen Blick auf die Münze, wodurch sie scheinbar verschwindet.

Jetzt ist sie verschwunden …

… jetzt kannst du sie sehen!

HERONS-BRUNNEN

Bau einen Springbrunnen mit Hilfe von Schwerkraft.

Vor ungefähr 2000 Jahren erfand der berühmte griechische Wissenschaftler und Ingenieur Heron von Alexandria einen Brunnen, der einfach nur von der Schwerkraft angetrieben wird – Pumpen werden nicht benötigt! Er verwendete ihn dazu, um die Gesetze der sich bewegenden Flüssigkeiten (auch Hydraulik genannt) und Gase (Pneumatik) zu zeigen. Mit dieser einfachen Version kannst du dieselben Kräfte bei der Arbeit sehen.

MATERIAL

- 500 ml-Einmachglas mit zweiteiligem Deckel
- 1 l-Einmachglas (oder größer)
- wasserdichter Karton (Saft- oder Milchkarton)
- Lochzange
- 3 Strohhalme
- wasserfestes Klebeband
- Wasser

SO GEHT'S

1 Benutz den inneren Teil des Deckels, um einen Kreis auf den Karton zu zeichnen, schneid ihn aus und leg ihn in den Ring des Deckels.

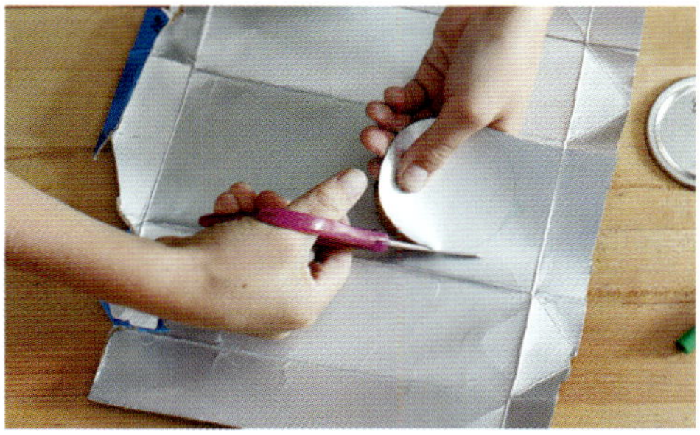

2 Stanz zwei Löcher in den Kreis, so wie auf dem Bild. Steck zwei Strohhalme zusammen und fixier sie mit einem wasserfesten Klebeband.

3 Sitzen deine Strohhalme fest in den Löchern? Wenn nicht, dann wickle etwas Klebeband um den Strohhalm, um sie besser abzudichten. Wickle das Klebeband beim kurzen Strohhalm 9 Zentimeter und beim langen 3 Zentimeter vom Ende entfernt herum.

4 Schieb die Strohhalme vorsichtig durch die Löcher. Steck den langen Strohhalm 3 Zentimeter weit hinein, den kurzen Strohhalm 9 Zentimeter.

5 Arbeite in einem Spülbecken. Füll das kleine Glas zu $\frac{2}{3}$ voll mit Wasser und verschließ es mit dem Deckel mit den Strohhalmen. Füll das größere Glas mit Wasser und stell es oben an den Rand der Spüle.

6 Dreh das Glas mit den Strohhalmen auf den Kopf und steck den kürzeren Strohhalm in das größere Glas. Lass den längeren Strohhalm in die Spüle hängen. Los geht's!

HIER GEHT'S WEITER! →

Was gibt es zu sehen?

Schau in das kleinere Glas. Aus dem oberen Ende des größeren Strohhalms sollte ein gleichmäßiger Strom Wasser herausfließen. Außerdem sollte Wasser über den langen Strohhalm in die Spüle ablaufen. Falls dort, wo die Strohhalme im Deckel stecken, Blasen aufsteigen, dann dreh die Strohhalme, um die undichte Stelle zu versiegeln, oder entfern sie und wickle eine weitere Schicht Klebeband um sie herum. Wenn die Blasen von den Rändern des Deckels kommen, musst du ihn fester zudrehen.

Was passiert da?

Das über den langen Strohhalm ablaufende Wasser bewirkt, dass der Luftdruck im oberen Glas sinkt. Deshalb wird mehr Wasser über den Zufluss des kurzen Strohhalms aus dem Vorratsglas nach oben gezogen. Etwas ähnliches passiert in einem Siphon oder Überlaufrohr. Das ist ein System, in dem Flüssigkeit ein kurzes Stück in einer Röhre nach oben fließt und so kurz gegen die Schwerkraft wirkt. Die Kräfte in einem Siphon wirken nur, solange der Abfluss des Rohres weiter unten liegt als der Zufluss und wenn das System luftdicht verschlossen ist.

Geh einen Schritt weiter

Der echte Heronsbrunnen hat noch zusätzliche Rohre und Kammern, die das Wasser wiederverwenden, sodass es länger sprudeln kann (aber nicht für immer, auch wenn es anfangs so aussieht).

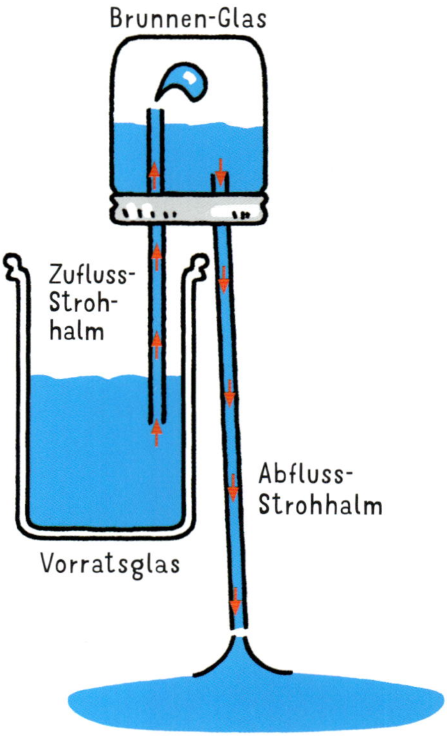

ERZÄHL MIR MEHR DAZU

Heron ist für viele bemerkenswerte Erfindungen im Gebiet der Mathematik, Naturwissenschaft und Technik bekannt. Er ist außerdem der Kerl, der sich den ersten Verkaufsautomaten ausgedacht hat. Wenn die alten Griechen eine Münze hinein geworfen haben, erhielten sie ein wenig Weihwasser.

PHYSIK-TRICKS

ENTHÜLLE DREI MAGISCH-KNIFFLIGE WISSENSCHAFTSPHÄNOMENE

Manchmal ist ein wissenschaftliches Experiment genau deshalb erfolgreich, weil es dich verwirrt. Das, was du erwartet hast, ist nicht passiert, und du fragst dich, warum das so ist. Weil du gezwungen bist, dir über das, was passiert ist, Gedanken zu machen, entdeckst du mehr. Genau das passiert auch bei diesen Tricks.

KLECKERLOSES GLAS

Du fühlst dich vielleicht etwas unter Druck, wenn du diesen Trick ausprobierst. Aber Druck ist genau das, was hier hilft!

MATERIAL

500 ml-Einmachglas

1 Karteikarte oder viereckiges festes Papier, das größer ist als die Öffnung des Glases

Wasser

Eimer, große Schüssel oder Spülbecken

SO GEHT'S

1. Füll das Glas mit Wasser. Leg die Karteikarte auf die Öffnung des Glases.

2. Arbeite über einem Spülbecken oder Eimer (nur für den Fall!). Drück die Karte mit deiner Handfläche fest gegen das Glas und dreh beides zusammen um, sodass die Karte jetzt unter dem Glas ist.

3. Was glaubst du, passiert, wenn du deine Hand wegziehst? Probier es aus!

Was gibt es zu sehen?

Wider jeder Erwartung bleibt das Wasser oberhalb der Karte stehen. Was hält das Wasser im Glas?

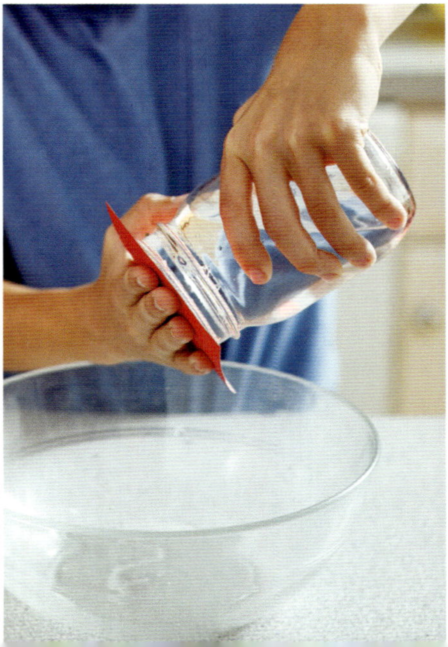

Was passiert da?

Es scheint wie Magie, aber es ist Physik. In Wirklichkeit sind hier nämlich mehrere physische Kräfte am Werk. Eine davon ist der Luftdruck, der uns zu jedem Zeitpunkt umgibt (mehr dazu auf Seite 55). Diese Kraft drückt von allen Seiten gegen das Glas und die Karte und hält alles an Ort und Stelle. Die Karte wird außerdem durch Adhäsion festgehalten, das ist die Kraft, durch die nasse Dinge an Oberflächen haften. Dazu kommt noch Oberflächenspannung, durch die das Wasser sich an sich selbst festhält.

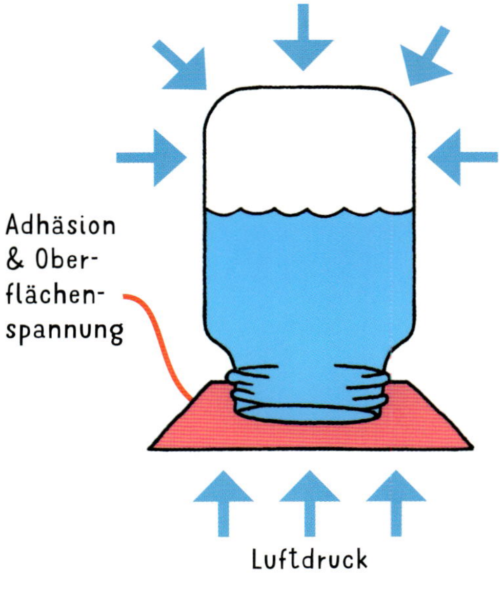

BALANCE-AKT

Kannst du eine Gabel und einen Löffel dazu bringen, auf dem Rand eines Glases zu balancieren? Natürlich! Mit den Gesetzen der Physik!

MATERIAL

500 ml-Einmachglas (oder größer)

Löffel und Gabel mit ähnlich großen Griffen

Zahnstocher (am besten mit flachen Seiten)

SO GEHT'S

1 Klemm das vordere Ende des Löffels zwischen die Zinken der Gabel (eventuell verbiegt sich die Gabel dabei ein wenig). Wenn sie fest zusammenhängen, sollten sie ein flaches U bilden.

2 Schieb einen Zahnstocher zwischen die mittleren Zinken der Gabel.

3 Platzier das andere Ende des Zahnstochers auf dem Rand des Glases. Rück die Position von Löffel und Gabel zurecht und schieb den Zahnstocher etwas vor und zurück, bis das Gebilde auf dem Rand des Glases balanciert. Verlier nicht die Geduld. Es kann gut sein, dass du ein paar Versuche brauchst!

Was passiert da?

Du hast soeben den Balancepunkt gefunden, oder, wie Wissenschaftler es nennen, das Schwerkraftzentrum des Löffel-und-Gabel-Gebildes. Was diese balancierende Skulptur so rätselhaft macht, ist der Fakt, dass sich der Balancepunkt nicht irgendwo auf der Gabel oder dem Löffel befindet, sondern an einem Punkt *innerhalb* der U-Form, die die Griffe bilden. Weil die Griffe lang und schwer sind, verschieben sie den Balancepunkt zu diesem überraschenden Ort.

Geh einen Schritt weiter

Noch beeindruckender wird es, wenn du einen Erwachsenen bittest, das Ende des Zahnstochers auf der Seite des Glases mit einem Streichholz anzuzünden. Die Spitze wird verbrennen, aber das Feuer wird anhalten, wenn es den Rand des Glases erreicht und das Gebilde bleibt bestehen.

Ewig trockenes KÜCHENTUCH

Ein leeres Glas ist nicht ganz so leer, wie es erscheint, was dieser einfache Trick beweist.

MATERIAL

500 ml-Einmachglas

Wasser

Eimer, große Schüssel oder Spülbecken

Küchentuch

SO GEHT'S

1 Knüll ein Küchentuch zusammen und drück es auf den Boden des Glases. Stell sicher, dass das Tuch auf jeden Fall dort bleibt, wenn du das Glas umdrehst.

2 Halte das Glas kopfüber und tauch es dann in eine mit Wasser gefüllte große Schüssel.

3 Nimm das Glas vorsichtig wieder heraus und überprüf dann den Zustand des Küchentuchs.

Was gibt es zu sehen?

Wenn du das Glas aufrecht im Wasser hältst, mit der Öffnung gerade nach unten, dann sollte das Küchentuch komplett trocken bleiben! Das muss doch Magie sein, oder?

Was passiert da?

Es ist wieder einmal die Physik. Das Glas sieht vielleicht leer aus, tatsächlich ist es aber mit Luft gefüllt. Wenn du es untertauchst, bleibt die Luft im Glas gefangen und das Wasser kann nicht hinein fließen, um das Küchentuch nass zu machen.

WISSENSCHAFT IM ECHTEN LEBEN

In der Zeit bevor die moderne Tauchausrüstung erfunden wurde, haben Leute genau diesen Trick verwendet, um unter Wasser atmen zu können. Sie haben dazu eine Erfindung namens Taucherglocke benutzt. Die Taucher standen oder saßen dazu in einem riesigen Metallbehälter, der mit Seilen ins Wasser abgelassen wurde. Im 17. Jahrhundert wurden solche Taucherglocken benutzt, um Schätze von versunkenen Schiffen zu bergen. Später wurden sie auch verwendet, um unter Wasser Reparaturen an Brücken und Tunneln durchzuführen.

Edmund Halley hat im Jahr 1691 eine Taucherglocke gebaut und sie in der Themse getestet. Er und fünf andere Personen konnten fast 20 Meter tief unter Wasser für mehr als eineinhalb Stunden Zeit verbringen. Frische Luft haben sie dabei mithilfe von Behältern nach unten transportiert.

SPEZIALWÖRTERBUCH

Adhäsion. Eine Kraft, durch die zwei verschiedene Stoffe aneinander haften wollen. Adhäsion ist das, wodurch zum Beispiel Regentropfen an der Scheibe eines Autos haften bleiben. Sie wird durch Reaktionen zwischen den elektrischen Ladungen der Moleküle im Wasser und im Glas verursacht.

Anthozyane. Eine Gruppe von Pigmenten, die Pflanzen rot, lila und blau macht. Man findet sie in Beeren, Trauben, Auberginen, Kohl und in bunten Herbstblättern.

Aspirator. In der Entomologie (Insektenkunde) sind Aspiratoren Sauggeräte, die mit dem Mund betrieben und mit denen Insekten gesammelt werden. Sie sind nach dem Entomologen Frederick Poos benannt, der seine eigene Version entwickelt hat, und werden auch „Pooter" genannt.

Atmosphärendruck. Wird auch Barometerdruck oder Luftdruck genannt. Er wird durch das Gewicht der Luftsäule verursacht, die auf uns alle herunter drückt, und das mit ungefähr 1 kg pro Quadratzentimeter auf Meereshöhe.

Barometer. Ein Gerät, das bspw. von Meteorologen benutzt wird, um den Luftdruck zu messen.

Binäre Nomenklatur. Das System, mit dem Pflanzen und Tiere klassifiziert werden. Jedes Lebewesen erhält einen wissenschaftlichen oder lateinischen Namen, der aus zwei Teilen besteht: Der erste ist die Gruppe, zu der es gehört, seine Gattung. Der zweite Teil ist die genauere Untergruppe, die seine Art nennt.

Dichte. Wie schwer etwas im Bezug auf seine Größe ist.

Dispersion. Das Aufteilen von weißem Licht in die verschiedenen Farben des Farbspektrums, wenn Licht durch Refraktion gebrochen wird.

Eisenoxid. Eine Substanz, die sich auf Eisen bildet, wenn es in Kontakt mit Sauerstoff und Feuchtigkeit kommt; Rost ist eine bekannte Form von Eisenoxid.

Fermentierung. Der Prozess, bei dem Bakterien und andere Mikroorganismen Zucker in Lebensmitteln in andere Produkte wie Alkohol, Kohlendioxid und ähnliches zerlegen.

Feuchthaltemittel. Ein Stoff, mit dem Dinge feucht gehalten werden.

Fixiermittel. Ein Stoff, mit dem Pigmente haltbar gemacht werden.

Gesättigte Lösung. Eine Flüssigkeit, die so weit es geht, voller aufgelöster Stoffe ist.

Halbdurchlässige Membran. Eine Barriere, die man in den Wänden von Zellen und an anderen Orten finden kann, die nur bestimmte Stoffe unter bestimmten Bedingungen durchlässt.

Häufchen. Ausscheidungen von Regenwürmern. Ein natürlicher Dünger, der Pflanzen wichtige Nährstoffe liefert.

Hypothese. Eine mögliche Erklärung für etwas, die als Anfangspunkt für weitere Untersuchungen und Tests benutzt wird.

Kapillareffekt. Der Prozess, mit dem Flüssigkeiten in enge Räume gezogen werden, zum Beispiel in Luftkämmerchen in einem Küchentuch, zwischen die Borsten eines Pinsels oder in einen Schwamm.

Kohäsion. Bindekraft, die bewirkt, dass ein Stoff sich nicht von sich selbst trennen lassen will.

Kolloidale Lösung. Eine Mischung aus sehr kleinen Teilchen, die in Wasser schweben. Ein Beispiel dafür ist Treibsand, bei dem Sand in Wasser schwebt.

Kondensation. Der Prozess, bei dem ein Gas, zum Beispiel Wasserdampf, zu einer Flüssigkeit wird, zum Beispiel Wasser.

Kontrollprobe. Eine Probe in einem Experiment, die unverändert gelassen wird. So kannst du andere Proben mit der Anfangsprobe vergleichen.

Kristallisation. Der Vorgang, bei dem sich Kristalle bilden.

Kupferoxid. Das rostartige Material, das sich auf Kupfer bildet, wenn es in Kontakt mit Feuchtigkeit und Sauerstoff kommt.

Lackmus. Ein Färbemittel, das aus Flechten gewonnen wird und das seine Farbe in Reaktion auf Säuren und Basen verändert.

Laktobazillen. Eine Art von Bakterien, die Milchsäure produzieren und in fermentierten Lebensmitteln wie Essiggurken vorkommen.

Larve. Die noch nicht ausgewachsene Form von Insekten, die eine Metamorphose durchleben; Raupen und Engerlinge sind Larven für Schmetterlinge und Käfer.

Magnetorezeption. Die Fähigkeit von bestimmten Tieren, das Magnetfeld der Erde zu spüren und es zur Orientierung zu nutzen.

Malachit. Auch Kupferspat genannt; eine blaugrüne Substanz, die bei Kontakt von Kupfer mit Feuchtigkeit, Sauerstoff und Chlor entsteht.

Metamorphose. Der Vorgang, bei dem ein Tier seine körperliche Struktur verändert.

Natriumkarbonat. Der chemische Name für Speisesalz.

Oberflächenspannung. Die anziehende Kraft, durch die Flüssigkeit Tropfen formt und sich in Pfützen ansammelt.

Ökosystem. Eine Einheit von Lebewesen, die in einer Umgebung miteinander leben.

Osmose. Die Bewegung von einer Flüssigkeit, durch eine halbdurchlässige Membran hindurch. Dabei wird die Konzentration an Wasser auf beiden Seiten ausgeglichen.

Oxidierung. Eine chemische Reaktion, bei der ein Stoff Elektronen verliert. Rosten ist zum Beispiel eine langsame Oxidierung, Verbrennen eine schnelle.

Photosynthese. Der Vorgang, mit dem Pflanzen aus Sonnenlicht Nahrung herstellen; dabei wird Wasser und Kohlendioxid aus der Luft in Zucker umgewandelt und Sauerstoff abgegeben.

Polymer. Ein Material, das aus langen Ketten gleichartiger Moleküle besteht.

Puppe. Der Abschnitt im Leben eines Insekts, der nach der Larve kommt, wenn die Raupe eine kokonartige Hülle bildet.

Refraktion. Das Brechen von Lichtstrahlen (oder anderer Energie), wenn sie sich durch verschiedene Stoffe bewegen.

Schwerkraftzentrum. Der Punkt an einem Objekt, wo die Schwerkraft ausgeglichen nach unten zieht. Wenn du ein Objekt an diesem Punkt aufsetzt, wird es darauf balancieren.

Taxonomie. Der Vorgang des Klassifizierens und Gruppierens von Dingen, besonders von Pflanzen, Tieren und anderen Naturobjekten.

Transpiration. Der Vorgang, mit dem Pflanzen Wasser durch ihre Wurzeln nach oben ziehen und es durch die winzigen Poren in ihren Blättern in die Luft abgeben.

Verdampfen. Wenn eine Flüssigkeit wie Wasser sich in Gas verwandelt, z. B. in Wasserdampf.

Vernetzung. Der Vorgang, wenn sich lange Molekülketten in einem Polymer miteinander verbinden, wodurch der Polymer sich verändert und zum Beispiel fester und dehnbarer wird.

Vortex. Eine Menge an Wasser oder Luft, die sich in einer Spirale um einen Mittelpunkt dreht.

Wellenlänge. Die Entfernung zwischen hohen Punkten in einer Energiewelle, z. B. bei Licht.

Xylem. Die röhrenartigen Pflanzenteile, die Wasser von den Wurzeln nach oben transportieren.

METRISCHE UMRECHNUNGSTABELLE

GEWICHT

WILLST DU	UMRECHNEN IN	DANN MULTIPLIZIERE
Unzen	Gramm	Unzen mit 28,35
Pfund	Gramm	Pfund mit 453,5
Pfund	Kilogramm	Pfund mit 0,45

US-AMERIKANISCH	METRISCH
0,035 Unzen	1 Gramm
¼ Unze	7 Gramm
½ Unze	14 Gramm
1 Unze	28 Gramm
1 ¼ Unzen	35 Gramm
1 ½ Unzen	40 Gramm
1 ¾ Unzen	50 Gramm
2 ½ Unzen	70 Gramm
3 ½ Unzen	100 Gramm
4 Unzen	112 Gramm
5 Unzen	140 Gramm
8 Unzen	228 Gramm
8 ¾ Unzen	250 Gramm
10 Unzen	280 Gramm
15 Unzen	425 Gramm
16 Unzen (= 1 Pfund)	454 Gramm

TEMPERATUR

ZUM UMRECHNEN VON	IN	
Fahrenheit	Celsius	ziehe 32 von der Fahrenheit-Temperatur ab, multipliziere dann mit 5 und teile das Ergebnis durch 9.

MENGEN

WILLST DU	UMRECHNEN IN	DANN MULTIPLIZIERE
Teelöffel (TL)	Milliliter	Teelöffel mal 4,93
Esslöffel (EL)	Milliliter	Esslöffel mal 14,79
Flüssigunzen	Milliliter	Flüssigunzen mal 29,57
Cup	Milliliter	Cups mal 236,59
Cup	Liter	Cups mal 0,24
Pint	Milliliter	Pints mal 473,18
Pint	Liter	Pints mal 0,473
Quart	Milliliter	Quarts mal 946,36
Quart	Liter	Quarts mal 0,946
Gallone	Liter	Gallonen mal 3,785

US-AMERIKANISCH	METRISCH
1 Teelöffel (TL)	5 Milliliter
1 Esslöffel (EL)	15 Milliliter
¼ Cup	60 Milliliter
½ Cup	120 Milliliter
1 Cup	230 Milliliter
1 ¼ Cups	300 Milliliter
1 ½ Cups	360 Milliliter
2 Cups	460 Milliliter
2 ½ Cups	600 Milliliter
3 Cups	700 Milliliter
4 Cups (= 1 Quart)	0,95 Liter
4 Quarts (= 1 Gallone)	3,8 Liter

LÄNGE

WILLST DU	UMRECHNEN IN	DANN MULTIPLIZIERE
Inch	Millimeter	Inch mal 25,4
Inch	Zentimeter	Inch mal 2,54
Fuß	Meter	Fuß mal 0,3048
Meilen	Kilometer	Meilen mal 1,609344

Luftdruck-Messtabelle

Hochdruck

SCHÖN

WECHSEL

STÜRMISCH

Tiefdruck

Einige der unterhaltsamsten Leute, die ich kenne, sind Wissenschaftler.
— Mae C. Jemison, Astronautin

STICHWORTVERZEICHNIS

STICHWORTVERZEICHNIS

Wissenschaft ist vielmehr eine Denkweise als eine Wissenssammlung.
— Carl Sagan, Astronom

STICHWORTVERZEICHNIS

Alles Mögliche kann passieren, wenn du offen für neue Ideen und für das Herumspielen mit Dingen bist.
— Stephanie Kwolek, Erfinderin von Kevlar

BUCHTIPPS FÜR DICH

ISBN 978-3-7724-7880-2

ISBN 978-3-7724-7825-3

SBN 978-3-7724-7857-4

ISBN 978-3-7724-7590-0

ISBN 978-3-7724-7845-1

ISBN 978-3-7724-7844-4

ISBN 978-3-7724-7871-0

ISBN 978-3-7724-7870-3

ISBN 978-3-7724-7499-6

ISBN 978-3-7724-7877-2

ISBN 978-3-7724-8420-9

ISBN 978-3-7724-8421-6

Kreativ-Bücher findest Du auf www.TOPP-kreativ.de